高职高专汽车类专业创新一体化教材

汽车总装技术
（彩色版配实训工单）

主　编　郝巧梅　刘　玲　陆邦志
副主编　毕全国　姚永来　熊彦峰　张国青
参　编　任艳茹　杜秀波　刘成江　柴建梅
　　　　吴　洋　强兴运　赵春田　胡　俊
　　　　赵微利　贺延蒙　王建国　郭新富
　　　　李云洲　张义启　周玖燕　贾岫岩
　　　　邱　阳　曹中流　王建军

随书资源

机械工业出版社

本书立足汽车制造企业岗位真实工作任务，具有鲜明岗位特色，体现以学生职业发展为核心，以任务为模块，考核目标明确，集"知识、技能、场景"为一体。本书内容包括汽车总装的认知、一次内饰装配、动力总成与底盘装配、二次内饰装配、整车检测、整车试验与交付共 6 个项目，依据生产流程构建了汽车总装技术 21 个工作任务，每个任务由学习目标、任务导入、知识准备、任务实施、课后拓展、素养育人等部分组成，遵循学生认知规律，体现由简到繁的装配与检验过程，为学生就业夯实基础。

本书适合作为高等职业院校、技师学院的汽车类专业教学用书，也可作为社会从业人员的业务参考书及培训用书。

图书在版编目（CIP）数据

汽车总装技术：彩色版配实训工单 / 郝巧梅，刘玲，陆邦志主编. -- 北京：机械工业出版社，2025. 1.
（高职高专汽车类专业创新一体化教材）. -- ISBN 978-7-111-77596-6

Ⅰ. U463

中国国家版本馆CIP数据核字第20252SQ333号

机械工业出版社（北京市百万庄大街22号　邮政编码100037）
策划编辑：齐福江　　　　责任编辑：齐福江　李崇康
责任校对：张昕妍　薄萌钰　封面设计：张　静
责任印制：单爱军
中煤（北京）印务有限公司印刷
2025年6月第1版第1次印刷
184mm×260mm·13.75印张·270千字
标准书号：ISBN 978-7-111-77596-6
定价：59.90元（含实训工单）

电话服务	网络服务
客服电话：010-88361066	机 工 官 网：www.cmpbook.com
010-88379833	机 工 官 博：weibo.com/cmp1952
010-68326294	金 书 网：www.golden-book.com
封底无防伪标均为盗版	机工教育服务网：www.cmpedu.com

FOREWORD 前 言

党的二十大报告提出"加快建设制造强国、质量强国、航天强国、交通强国、网络强国、数字中国"。汽车产业是制造强国、交通强国的重要组成部分。近年来我国汽车产销量稳居世界第一，汽车行业人才缺口很大。职业院校肩负着培养知识型、技能型、创新型人才的重任，要培养学生"爱技、重技、专技、精技"的工匠精神，树立技能报国的爱国情怀。

本书依据汽车制造企业对汽车总装技能型人才的需求，将来自于企业真实生产中的汽车总装与质量检验流程作为教学内容，采用项目驱动、任务引领方式，培养具有职业精神、创新精神、工匠精神的技术技能型人才，凸显"以岗定学"，实现校企双元育人理念，落实"三全育人"，深化校企深度融合，打造"汽车总装工匠、汽车质量检验工匠"，使学生快速具备汽车总装技术能力和质量检验能力。

本书首先对职业典型工作过程进行分析，确定学习领域，然后确定工作任务，依据生产流程构建了汽车总装技术21个任务，每个任务由学习目标、任务导入、知识准备、任务实施、课后拓展、素养育人等部分组成，是具有鲜明岗位特色、体现以学生职业发展为核心、以任务化为模块、考核目标明确、集"知识、技能、场景"为一体的图文并茂的教材。本书旨在实现两转变，即教学活动从"教师为主体"向"以学生为中心"转变，课堂从"有效课堂"向"高效课堂"转变。

为促进高职院校汽车专业"岗课赛证"综合育人教学改革，编者结合汽车生产线操作工、汽车装调工职业技能等级证书、世界职业院校技能大赛汽车故障检修赛项的要求编写了本书，其主要特色如下：

一是以"立德树人"为根本。将文化教育与素质教育相融合，以专业人才培养目标为依据，以所在专业能力结构为主线，贯彻落实党的二十大精神，发挥铸魂育人实效。在培养学生专业能力的同时，加强职业道德与爱国主义的教育，激发学生的家国情怀和使命担当，培养学生的工匠精神，培养适合新时代发展需要的高素质人才。

二是聚焦"岗课赛证"综合育人理念。编排上注重四结合，即"理论与实践、学校与企业、知识与能力、学习与场景"相结合，文字简洁、通俗易懂、图文并茂、形象直观，将项目评价、职业技能等级证书评价、世界职业院校技能大赛评价融入课程教学考核评价体系，注重实用性，体现先进性，保证科学性，凸显职业性，贯穿可操作性。

三是注重校企双元开发。本书为校企合作开发教材，采用项目化任务驱动教学形式，突出实践环节，体现校企双元育人、立足先进的职业教育理念，紧跟汽车产业的发展步伐，反映产业升级和行业发展需求，体现新标准、新技术、新工艺、新方法、新材料。

四是注重"互联网+"及信息技术应用。借助"互联网+"及信息技术应用，使本书内容立体化、可视化、数字化，能够满足"人人皆学、处处能学、时时可学"的学习需要。同时，本书紧抓数字化机遇，将二维码等数字技术融入教材，方便学生扫码获取配套资源，助力学生学习成长，进一步丰富、优化、更新教材数字化资源，推进教育数字化。本书配有教学PPT课件、教案、场景作业视频，以便于学生个性化学习，突出自学能力培养。

本书可作为高职院校汽车类专业及汽车制造企业培训教材，也可供汽车总装技术人员、汽车质量检验人员参考。本书在编写过程中得到了奇瑞汽车股份有限公司及鄂尔多斯分公司、奇瑞新能源汽车股份有限公司、鄂尔多斯职业学院、开封技师学院、益阳职业技术学院、天津滨海汽车工程职业学院、四川希望汽车技师学院、青岛市即墨区第一职业中等专业学校、安徽金寨职业学校等校企同人的大力支持，参阅了大量相关著作与文献，在此表示真诚的感谢！

由于编者阅历和学识水平有限，书中难免有不当之处，敬请广大读者提出宝贵意见。

编　者

CONTENTS
目 录

前　言

项目一　汽车总装的认知 ……………………………………………… 001
工作任务一　认识汽车总装工艺流程 …………………………………… 002
工作任务二　生产线认知与装配工具基本训练 ………………………… 010
工作任务三　总装基本技能训练 ………………………………………… 017

项目二　一次内饰装配 …………………………………………………… 027
工作任务一　整车线束装配 ……………………………………………… 028
工作任务二　风窗玻璃装配 ……………………………………………… 035
工作任务三　其他内饰装配 ……………………………………………… 041

项目三　动力总成与底盘装配 …………………………………………… 047
工作任务一　动力总成分装 ……………………………………………… 048
工作任务二　动力总成附件装配 ………………………………………… 057
工作任务三　前副车架与动力总成合装 ………………………………… 070
工作任务四　后桥分装 …………………………………………………… 079
工作任务五　线束与管路安装 …………………………………………… 088

项目四　二次内饰装配 …………………………………………………… 099
工作任务一　二次内饰典型零部件的装配 ……………………………… 100

| 工作任务二 | 燃油密封性检测 | 112 |
| 工作任务三 | 气液加注 | 116 |

项目五　整车检测 ······ 121

工作任务一	CP7 检查	122
工作任务二	四轮定位检测	125
工作任务三	灯光检测	132
工作任务四	转鼓检测	137

项目六　整车试验与交付 ······ 141

工作任务一	动态路试	142
工作任务二	淋雨检测	149
工作任务三	整车商品化交车（CP8）	153

附录　奇瑞汽车总装车间相关设备使用操作制度 ······ 158

项目一
汽车总装的认知

- 工作任务一　认识汽车总装工艺流程
- 工作任务二　生产线认知与装配工具基本训练
- 工作任务三　总装基本技能训练

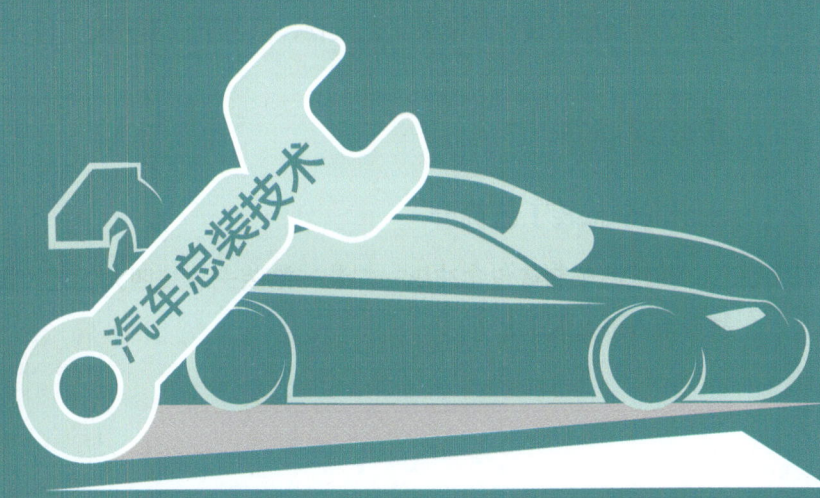

工作任务一　认识汽车总装工艺流程

学习目标

1）培养学生按标准、规范作业的意识。
2）了解区域生产线主要工作内容。
3）熟悉汽车总装工艺流程。

任务导入

学生岗位实习期间被分配到总装车间，在进行安全培训后，班组长要求同学们快速熟悉车间环境并了解汽车总装工艺流程，以便下一步分配工位。

知识准备

一、汽车总装工艺简介

传统汽车制造包含冲压—焊装—涂装—总装四大工艺（图1-1-1），电动汽车将电池制造纳入第五大工艺。

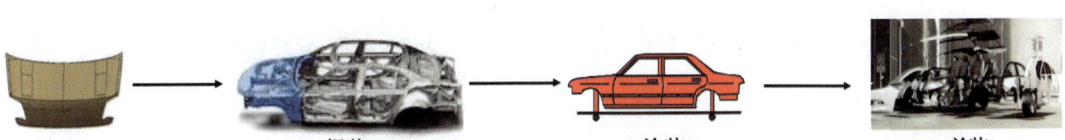

图 1-1-1 传统汽车制造四大工艺

1. 总装的概念

根据一定的技术要求和装配顺序,将若干个零件接合成为部件或将若干个零件、组件及部件等接合在一起合成完整机器的过程,称为总装工艺。

2. 总装工艺原则

装配要根据产品的设计要求,达到适当的装配精度,保证产品满足设计的性能要求。通过装配工艺设计,使生产能力达到生产纲领的要求。在生产中要不断优化工艺,从各方面提高装配效率。

在设计装配工艺时,应使采用的装配手段、方法最经济;应使选用的设备、工装、工具有较高的性价比;尽量减轻工人的劳动强度;应尽量缩小装配的占地面积;应实现装配的均衡生产、文明生产。

3. 总装质量要求

产品的质量在设计时就有一个市场定位,称之为产品的设计质量。为确保设计质量的实现,整车装配必须是高质量的,具体体现是装全、装好。

1)装全:把全部待装配零件,按照相应的装配关系组装在一起,不遗漏任何微小的零件。

2)装好:把待装配零件按照规定的装配技术要求组装在一起。

总装质量的保证来自于高素质的工人,科学、可行的装配指导卡,以及必要的工具工装等。

二、汽车总装工艺流程

1. 总装工艺流程

一辆汽车通常有几千个零部件,需要工艺人员将这些零件的装配顺序按照一定的原则进行排布,根据零件的属性,一般按照3+1模式进行排布,即3个装配区域+1个调试区域(图1-1-2)。

2. 区域主要内容

根据车型和制造厂家不同,汽车装配线组成会有所区别,但基本上大同小异。以奇瑞汽车为例,总装线由内饰线、底盘线、外饰线、检测线、淋雨线等部分组成(图1-1-3)。

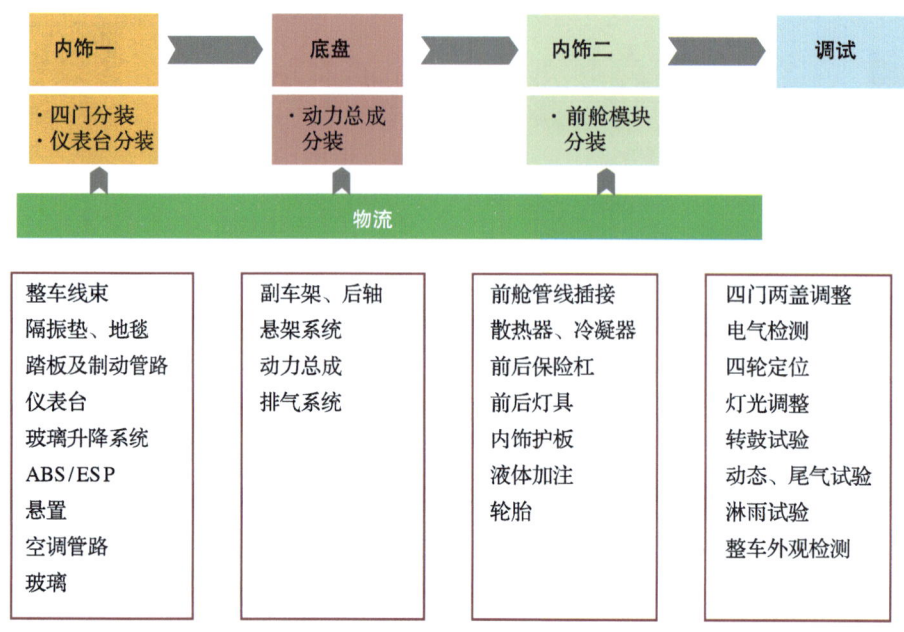

图1-1-2 总装工艺流程

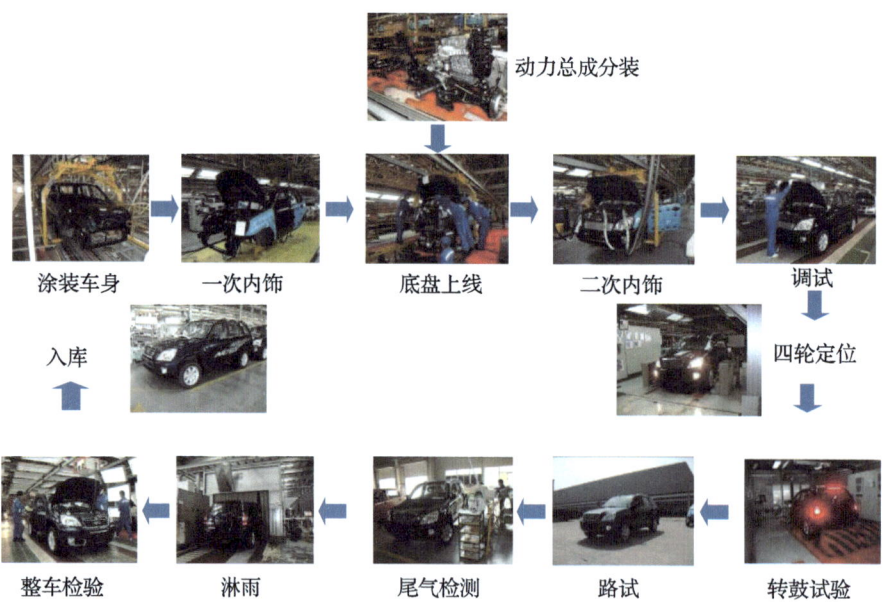

图1-1-3 总装线主要内容

（1）一次内饰主要装配内容

一次内饰装配主要包括线束、内覆盖件、部分外饰件及前舱部分零部件等（图1-1-4）。

四门分装线

仪表台分装线

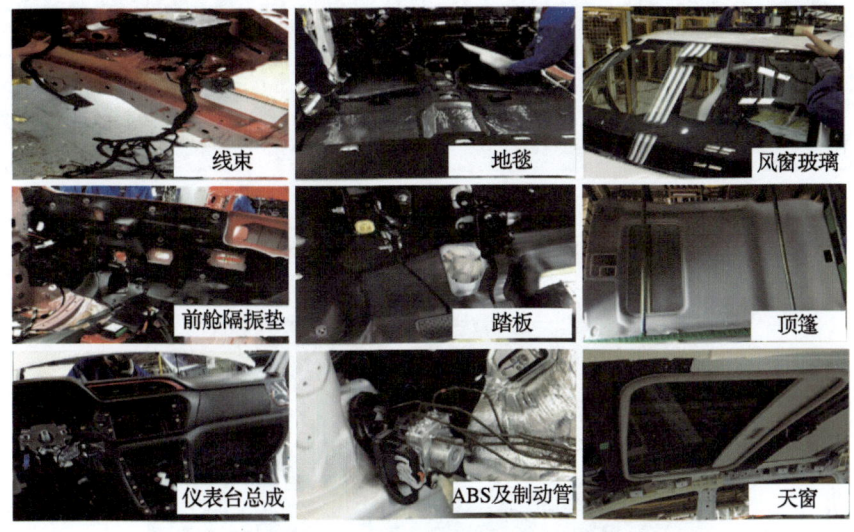

图1-1-4　一次内饰主要装配内容

1）四门分装线主要装配：门线束、泥槽、门框密封条、门锁、玻璃升降器、外后视镜、扬声器、门玻璃等零部件。

2）仪表台分装线主要装配：仪表横梁、仪表线束、仪表板、副气囊、转向柱、杂物箱、音响导航。

（2）底盘装配主要内容

底盘装配主要包括动力总成、前后副车架、底盘管路、排气管等汽车底盘零部件（图1-1-5）。

动力总成分装主要是在副车架总成基础上，将发动机与变速器总成组装，然后再加装发动机线束、起动机、传动轴等，最后将变速器油液加注后，吊装至底盘分装区进行装配。动力总成分装线主要装配发动机、变速器、发动机线束、副车架、转向机、起动机、传动轴、悬置、三元催化转换器及发动机上的冷却管路（图1-1-6）。

| 底盘管路 | 动力总成 | 汽车悬架 |
| 油箱总成 | 后轴 | 排气管 |

图1-1-5　底盘区域主要装配内容

图1-1-6　动力总成分装线

（3）二次内饰主要装配内容

二次内饰装配包括部分内饰件、外观件、蓄电池、散热器、轮胎等内容（图1-1-7）。

（4）调试区域主要内容

调试区域主要工作是调节零件或机构的位置、配合间隙和结合程度等，使机构或机器工作协调（图1-1-8）。

项目一 汽车总装的认知

方向盘、座椅

空滤、蓄电池

前、后灯具

轮胎

散热器、冷凝器

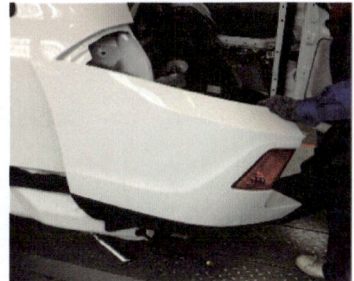
保险杠

图 1-1-7　二次内饰主要装配内容

四门两盖调整

液体加注

汽油加注

汽车电检

图 1-1-8　调试区域主要内容

（5）检测区域主要内容

车辆组装完毕后，为了确保整车的出厂质量，必须在整车检测线上对车辆的主要性能进行检测，并进行必要的调整。检测线的主要项目如图1-1-9所示。

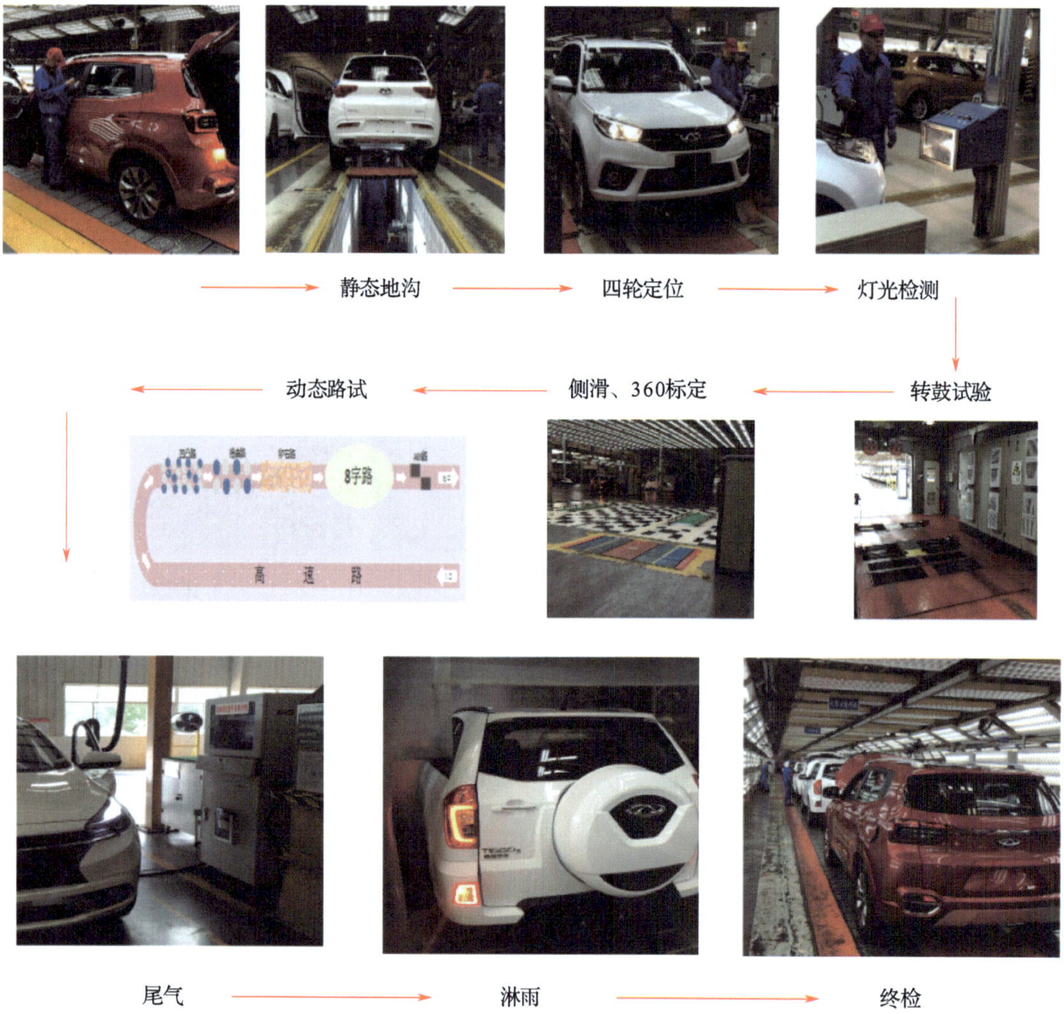
静态地沟
四轮定位
灯光检测
转鼓试验
侧滑、360标定
动态路试
8字路
高 速 路
尾气
淋雨
终检

图1-1-9　检测区域主要内容

课后拓展

整车装配智能化技术

整车装配智能化技术包含了多个方面，如在线车型与线边设备智能化互联互通、智能化的密封检测及液体加注站、整车智能化加注、智能化的拧紧工作站、智能化的线边物流等。

1）在线车型与线边设备智能化互联互通。采用物联网技术，通过赋予装配线上的每个工位及线边设备独立IP地址，实现在线车辆与线边设备互联互通，组成智能化在线车辆识别系统。实现智能化互联互通之后，可以通过网络传输车型信息，取代传统的通过扫描枪确认的方式，能显著减少工作时间、提高工作效率，防止出错。与此同时，实现了智能化的互联互通，也为其他先进技术的应用提供了条件，如自动装配、工艺参数自动匹配、灯光指示等。

2）智能化的密封检测及液体加注站。汽车制动系统、发动机冷却系统、空调制冷系统、燃油供给系统等的密封性需要在线进行严格的正压或负压检测。对于柔性化的混流装配线，多个平台不同配置的车型及不同车型的不同工艺参数，通过建立智能化的密封检测站，就可以实现综合性的密封性能检测。

素养育人

流程决定安全，细节决定成败

汽车总装是一个复杂的工艺过程，它注重多个方面的细节和要点，以确保最终组装的汽车质量和性能达到要求。通过汽车总装工艺流程的学习，引导学生理解工匠精神的内涵，培养其严谨、细致、专注的工作态度。同时强调汽车作为现代社会的重要交通工具，其装配质量和安全性直接关系到人民的生命财产安全，从而引导学生认识到自身肩负的社会责任，培养其为社会做贡献的意识和能力。

工作任务二 生产线认知与装配工具基本训练

学习目标

1）培养善于利用工具、提高工作效率的能力。
2）认识和了解总装工艺生产线布置方式。
3）熟悉汽车装配工具的分类、选型及标定方法。
4）能熟练使用常见汽车装配工具。

任务导入

某同学正式进入车间开始工作时,所在小组的组长给他安排的工作任务是对简单的小部件进行组装,他需按照技术员传授的方法,运用合适的操作工具学着组装部件。

知识准备

一、总装车间生产线布置形式

1. 总装工艺平面布置的基本原则

总装工艺平面布置的基本原则是生产区域集中化、生产线表面积最大化、生产线物流输送最短化。

在保证以上三大原则的同时,还应保证人流、物流、车流顺畅、便捷,相互之间无交叉干涉。

2. 常见的布置形式

（1）块状布置

各工艺段水平排列,生产线呈块状分布。一般而言,这种布置方式下,生产区域的表面积集中,且物料一般从端部送,因此可能对物流会有一定的压力。

（2）U形布置

生产线呈U形分布，以奇瑞汽车总装22线为例（图1-2-1）。这种布置形式生产区域的表面积很大，而且生产线的很多区域直接面对物流区，因此有利于生产线物流的输送。

图1-2-1　U形布置

（3）L形布置

生产线呈L形分布，以奇瑞汽车总装31线为例（图1-2-2）。这种布置方式下，生产区域的表面积较大，而且生产线的很多区域直接面对物流区，因此有利于生产线物流的输送。

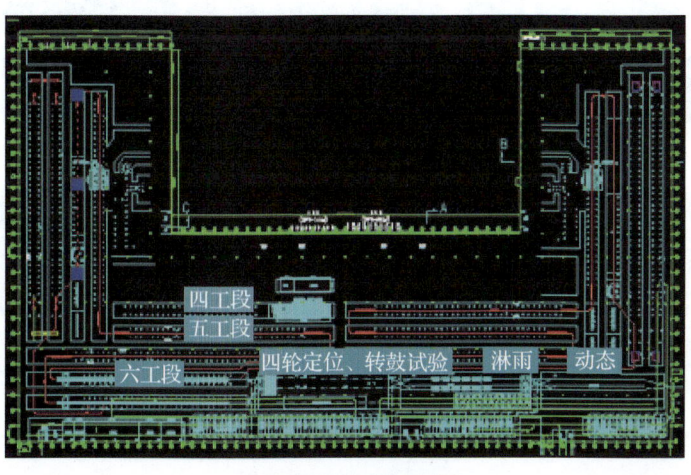

图1-2-2　L形布置

（4）扇状布置

生产线呈扇状分布。一般而言，这种布置方式下，生产区域的表面积可实现最大化，而且生产线的大部分区域可直接面对物流区，非常有利于生产物流的输送。

二、总装工艺常用工具

《论语》中记载有"工欲善其事，必先利其器"的说法，意思是工匠要想做好活儿，一定要先保证工具的精良。而对于工艺规划人员或工艺人员来说，选择和匹配合适、经济的装配工具，需要在全面掌握装配工艺的基础上，熟悉相关的工具选型、匹配的基本常识、结构原理、技术性能等知识。

1. 工具的分类

1）按动力供给形式，可分为手动工具、气动工具、电动工具、液压工具等。

2）按使用场合，可分为焊接工具、喷涂工具、装配工具、测量工具等。

3）按工具自身类别，可分为扳手类、螺钉旋具类、锤类、钳类、切削刀具类等。

4）按是否为专用，可分为标准工具、专用工具（各类非标工具）。

2. 常用工具功能简介

总装工艺常用工具如图1-2-3所示。

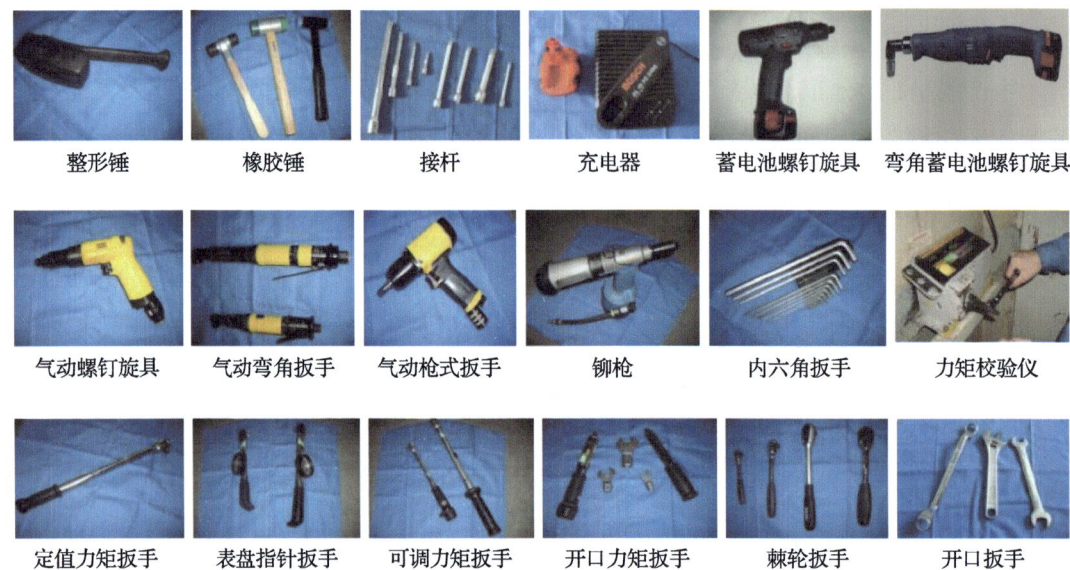

图1-2-3 总装工艺常用工具

（1）手动力矩扳手

手动力矩扳手按外形结构，可分成手动可调力矩扳手、手动开口可调力矩扳手、手动表盘指针力矩扳手、手动定置力矩扳手和手持式数显力矩扳手等多种类型。手动力矩扳手主要由力矩主弹簧、力矩调整机构、锁止机构、驱动方头、外壳以及手柄等组成，其中力矩主弹簧是该类工具的核心零部件，可以通过改变力矩主弹簧受压状态而实现改变所需力矩的大小，其自身精度为±3%，一般在零部件装配完毕后，用于测量动力工具的拧紧状况，检测是否达到实际规定的工艺要求。

（2）气动弯角定矩扳手

气动弯角定矩扳手按前端弯角结构形式，可以分为90°弯角式、鸭嘴扁头式、开口棘轮式、内嵌套筒式以及专用固定驱动等多种类型。气动弯角定矩扳手由离合器、气动马达、齿轮组、断气阀、压杆、消声器和壳体组成。其工作原理如下：操作人员压下工具压杆→压缩空气通过气路进入工具内部→压缩空气吹动气动马达高速旋转→气动马达的输出轴将力矩传输给机械式离合器→离合器在正常情况下将力矩传输给行星齿轮组，行星齿轮组将减速增矩后的旋转运动传递给转角齿轮组→转角齿轮组实现90°转角后，驱动方头上安装的套筒将螺栓（螺母）拧紧。该类工具在标准作业状况下的自身精度能够达到±7%。

（3）气动枪式螺钉旋具

气动枪式螺钉旋具按离合器断气形式，可分为气动枪式定矩螺钉旋具和气动枪式打滑螺钉旋具两类。前者精度在标准作业状况下能够达到±7%，一般用于硬联接的装配工况；后者精度在标准作业状况下能够达到约±15%，一般用于软联接或中性联接的装配工况。

（4）气动枪式液压脉冲扳手

气动枪式液压脉冲扳手由进气口、进气开关、正反转开关、气动马达、断气杆、液压缸、驱动方头和壳体等部件组成。其工作原理如下：当接上气源后→扣动进气开关→压缩空气顺进气通道进入气动马达并使气动马达高速旋转→气动马达输出轴直接带动液压缸和驱动方头→作用于工件→当达到设定力矩后，液压缸开始动作→使断气阀封闭气动马达进气口，实现定矩断气。

该类工具一般用在装配预拧紧的作业中，如轮胎与轮毂装配时的预拧紧、动力总成与车身装配时的预拧紧等。工具自身的精度约为±20%。

（5）蓄电池螺钉旋具

蓄电池螺钉旋具主要动力来自工具自带的蓄电池。蓄电池螺钉旋具的基本结构与气动枪式定矩螺钉旋具的基本结构大致相同，其不同之处在于它使用电动机。蓄电池螺钉旋具的电动机为直流无刷电动机，相对而言该类电动机的动力输出比气动马达的动力输出平稳，受蓄电池电量多少的影响很小。该类工具使用时不需任何动力管线，一般用于小力矩且不能使用或不能无条件使用气动螺钉旋具的内饰件装配等场合。

（6）电动拧紧机

电动拧紧机主要由电动拧紧轴、电缆和电控柜组成。其工作原理如下：根据装配工况的实际需求进行整套工具的拧紧程序编辑→操作人员压下工具电源按钮→工具在设定的程序下运作，并随时通过电缆向电控输入/输出力矩和角度的传感信号，以便整套拧紧系统的实时监控→达到力矩后电动拧紧机自动切断电源，并对操作人员显示拧紧合格与否。电动拧紧机主要用于要求较高的机械装配拧紧过程，如压装后轮毂轴承单元和轮胎螺母拧紧等。

（7）工具附件

工具附件按用途可以分为套筒类、接杆类和刀头类等。

1）套筒类。基本参数包括套筒对边尺寸 S、套筒长度尺寸 L 以及套筒接口尺寸 B。其中套筒对边尺寸 S，主要是指套筒六边的对边或十二边的对边尺寸，它的选择主要取决于被拧螺栓或螺母的对边尺寸；套筒长度尺寸 L，主要是指套筒自身的长度尺寸，一般选用时根据被拧紧工件的空间位置而定。上述套筒两个参数尺寸一般有英制和公制之分，选择时要根据实际工况而定。套筒接口尺寸主要是套筒后端接口联接在诸如棘轮扳手等主体工具的尺寸，目前的套筒接口尺寸均为英制尺寸，常见的有1/4（1in=2.54cm）、3/8、1/2和3/4等。套筒的一般技术参数表示为 $B=1/2$、$S=13$、$L=38$，表示接口为1/2（in）、对边为13mm以及长度为38mm的普通套筒。

2）接杆类。主要参数有接杆的接口尺寸 B 和长度尺寸 L，其中接口尺寸 B 的选择主要取决于棘轮扳手等主体工具驱动方头尺寸和套筒的接口尺寸。一般接杆两头的接口尺寸一致，即接口头的尺寸与输出头的尺寸一致，但也有两头的尺寸不一样的接杆，如输入头接口尺寸为1/2，而输出头方头尺寸为3/8，这种一般很少使用。

3）刀头类。常见刀头可分为一字刀头、十字刀头和TORX刀头等。一字刀头的主要技术参数是六角柄的尺寸 B、刀体长度 L、刀头宽度 l 及刀头厚度 b，其中六角柄的尺寸 B 多为1/4，很少用到5/16和3/8，刀头的选择主要取决于工具主体内插式驱动方头的尺寸。刀体长度 L 是指整个刀头的总长，一般取决于实际拧紧装配的位置空间。刀头宽度 l 主要是指与螺钉槽口接触的刀尖部分的宽度 l，而刀头厚度 b 主要是指刀尖部分的厚度，这两个参数主要取决于螺钉实际的开槽情况，槽口越宽越厚，所需的一字刀外部尺寸便越大。十字刀头的主要参数是六角柄的尺寸 B、刀体长度 L 及刀头的号数，同样六角柄尺寸多为1/4，很少用到5/16和3/8。刀体长度 L 同一字刀头刀体长度 L 的描述一样。刀头号数主要是刀头尖端部分号数，一般分为1号、2号和3号，其中1号刀头的刀头尖角为30°，2号刀头的刀头尖角为90°，3号刀头的刀头尖角为120°。刀头的号数选择主要取决于拧紧螺钉的头部外形尺寸。

3. 工具的标定

1）手动工具标定：工具需定时标定，手动工具一般可以随时标定。生产线每隔一定工位放置一台手动标定仪，选购标定仪时要注意其力矩范围，对总装的力矩来说一般一台校验仪不能完全覆盖，可以选择LC（1~200N·m）和484-400（40~400N·m）配合使用。

2）电动、气动工具标定：奇瑞汽车使用ATLAS公司的ATCA3000QC标定仪，其组成部分包括主机、力矩传感器、测试联接件、电缆、转换开关和标定小车等。

4. 工具选型方法

（1）装配力矩范围及力矩分布情况

装配力矩是工具选型的最重要依据，工具选型前应对整个生产线装配点进行梳理，整理出每个装配点所需力矩，以及这些装配点所在工位，然后考虑装配时间及节拍要求，确定工具数量。

（2）了解每个装配点的装配特点及特殊要求

由于装配点位置及零件本身特点不同，对装配工具提出了相应的要求，例如：转向油管、制动油管这些管路的装配需要用到开口扳手；存在位置限制的情况需要用到鸭嘴式工具；防止装配件跟转需要用到专用工具。

（3）确定重要装配点的装配手法

包括动力总成、后轴和驱动螺母在内的某些装配点不是一次打到位，有些是用棘轮扳手预紧，再用气动扳手打到一定力矩，最后用定矩扳手复紧；驱动螺母、轮胎需要落地才能进行复紧等操作。

课后拓展

新能源汽车常用的维修工具及检测设备认知（表1-2-1）。

表1-2-1 新能源汽车常用的维修工具及检测设备

序号	类型	工具设备名称	规格要求	单位	备注
1	拆装工具	绝缘工具套装	高压电维修绝缘工具，耐压1000V	套	
2	检测仪器	数字式万用表	符合CAT Ⅲ要求	个	如FLUKE 系列万用表
3		数字电流钳	符合CAT Ⅲ要求	台	如FLUKE 321
4		高压绝缘测试仪	符合CAT Ⅲ要求	台	如FLUKE 1587

（续）

序号	类型	工具设备名称	规格要求	单位	备注
5	诊断仪器	专用车型诊断仪	对应车型	套	如北汽 BDS、比亚迪 ED400、ED1000
6	防护用品	绝缘台	耐压≥10kV	台	
7		绝缘手套	耐压≥10kV	副	
8		绝缘靴	耐压≥10kV	双	
9		护目面罩（护目镜）	耐压≥10kV	副	

素养育人

工欲善其事，必先利其器

在汽车总装生产线上，装配工具在制造和维修过程中扮演着至关重要的角色。正如《论语》中所说，"工欲善其事，必先利其器"，意思是要想做好工作，必须先使工具锋利。在装配领域，这意味着选择和使用合适的工具对于提高工作效率、确保装配质量以及保障人身安全至关重要。

为了保持装配工具的锋利和有效性，需要定期对它们进行维护和保养，主要包括：清洁工具表面的污垢和油污，检查工具的磨损情况并及时更换磨损严重的部件，以及按照制造商的建议对工具进行润滑和保养。通过正确的维护和保养，可以延长工具的使用寿命，提高工具的性能和可靠性。

工作任务三 总装基本技能训练

学习目标

1）培养"爱技、重技、专技、精技"的工匠精神，树立技能报国的爱国情怀。
2）熟悉总装基本技能训练的安全注意事项。
3）能够正确认识总装基本技能训练的意义。
4）熟练进行多种螺栓、螺母的多方位拧紧操作。
5）熟练进行橡皮胶堵、线束插接的安装及测试。

任务导入

小张同学成功进入奇瑞总装生产车间工作，在正式分配岗位前，他必须经过总装基本技能训练，掌握总装基本技能是熟练进行其他各模块总装的必要前提。他将从多方向拧螺母、多方向拧螺栓、支架压胶堵和连接管及线束插接的安装等技能点展开训练。

知识准备

一、汽车用螺栓的认知

1. 螺栓定义与分类

（1）定义

螺栓是配用螺母、垫圈的圆柱形带螺纹的紧固件，通常由头部和螺杆两部分构成。

（2）分类

螺栓按连接的受力方式分为普通螺栓和铰制孔螺栓；按头部形状不同分为六角头、圆头、沉头螺栓等。

2. 螺栓代号

例1：螺栓代号M10X1LH-6h-S中，M代表公制三角螺纹（其他符号如Tr代表梯形螺纹），10表示公称大径为10mm，1表示细牙、螺距P=1.0mm，LH代表左旋，中径公差带为6h外螺纹，S表示短的旋合长度。说明：粗牙不需标明螺距，中等旋合长度以及右旋不需标明。

例2：螺纹规格d=M12、公称长度L=80mm、性能等级10.9级、表面氧化、产品等级为A级的六角头螺栓，完整标记为：GB/T 5783-2000-M12X80-10.9-A-0。

3. 螺栓性能等级和产品等级

等级不同价格有差异，使用工况不同等级需求不同，所以在选用时需注意区分。

1）螺栓的产品等级分为a、b、c三级，其中a级最精确，c级精度最差。a级用于承载较大，要求精度高或受冲击、振动载荷的场合。

2）螺栓的性能等级有3.6、4.6、4.8、5.6、6.8、8.8、9.8、10.9、12.9等十余个等级，其中8.8级及以上螺栓材质为低碳合金钢或中碳钢并经热处理（淬火、回火），通称为高强度螺栓，其余通称为普通螺栓。性能等级在螺栓头部往往会有标示，例如性能等级10.9级高强度螺栓，其含义是其材料经过热处理后，能达到：①螺栓材质公称抗拉强度达1000MPa；②螺栓材质的屈强比值（屈服强度和抗拉强度的比值）为0.9，螺栓材质的公称屈服强度达1000×0.9=900MPa。

在重要场合使用螺栓，设计时应对螺栓的屈服强度σ和剪切强度τ进行校核计算。

4. 螺栓配合孔的加工

螺栓配合孔的质量好坏，直接影响紧固的效果，因此设计和加工时应严格按照相关标准进行。

1）通孔：螺栓连接的零件上均开光孔（通孔）。孔径根据装配精度要求，参照国标GB/T 5277—1985《紧固件　螺栓和螺钉通孔》进行设计和加工。

2）攻丝前底孔：精度要求不高可采用钻床直接钻孔，由于钻头大小是有规定系列的，孔大小就需参考相关标准。同时由于零件材料不同，底孔大小也有差异。普通螺纹钻底孔用钻头直径尺寸可参考计算公式：$d=D-P$（式中，P为螺距，d为攻螺纹前钻头直径，D为螺纹大径）；同时要注意钻孔深度，不仅要考虑到使用要求，还需要考虑到相关行业规则以及工艺性。

5. 螺母的分类及用途

螺母是将机械设备紧密连接起来的零件，同等规格螺母和螺栓才能连接在一起，根据材料可分为碳钢、不锈钢、有色金属（如铜）等几大类型。六角螺母按照公称厚度分为Ⅰ

型、Ⅱ型和薄型三种。Ⅰ型的六角螺母应用最广。Ⅱ型螺母又分A、B、C三级，其中A级和B级螺母适用于表面粗糙度较小，对精度要求高的机器、设备和结构上；而C级螺母则用于表面比较粗糙、对精度要求不高的机器、设备和结构上。Ⅰ型六角螺母的厚度比较厚，多用在经常需要装拆的场合。

6. 垫圈分类及用途

常用的垫圈有平垫圈，分为A和B级（参照国标GB 97.1—2002）和弹簧垫圈（图1-3-1）。

图1-3-1 各类垫圈

平垫圈的作用是增大接触面积，而弹簧垫圈的作用是防止螺母因振动而松动。

垫圈的使用要求如下：弹簧垫圈必须设置在螺母一侧；对于工字钢、槽钢类型钢利用斜面连接时应使用斜垫圈，使螺母和螺栓头部的支承面垂直于螺杆；螺栓与螺栓孔配合间隙较小，也可不用平垫圈；如果间隙较大，则在螺杆和螺母处各配一颗平垫圈。

7. 螺栓的预紧力

螺栓在拧紧时要注意力矩不要过大，避免使螺栓出现滑丝等不良情况。在一些重要零件设备上必须使用扭力扳手来扭紧螺栓。力矩的大小可参考机械设计手册或相关行业标准。

8. 螺栓的检验

对于大批量用途螺栓，入库应做好相关检验。具体检验项目包括：测试螺栓的硬度、螺栓扭断力矩；做相应的盐雾测试；外观应无明显缺陷。螺纹可用标准通止规检测。其他检测项目见普通螺纹螺栓、螺钉通用规范。

二、线束插接器

1. 定义

插接器是线束的重要组成部分，用于连接和保护线束。汽车线束插接器是用于连接汽车电气线路的重要元件，其作用是将车辆电气线路中各个电路接通，为电流流通及电信号传递提供良好途径，进而实现线路的正常、稳定运行。在整车装配中，插接器在其中起着至关重要的作用。

2. 性能

（1）电气性能

电气性能主要考虑电压、电流、电阻以及绝缘性等方面。

额定电压是指工作电压，其值取决于端子间距以及绝缘材料。插接器生产商提供的一般为最高工作电压，低压插接器一般工作电压为12V或24V，而生产商提供的电压一般为50V。适用于新能源汽车的高压插接器额定电压高达1000V。

额定电流同额定电压一样，其值一般略高于正常工作电流。对于多孔插接器，特别是对于大电流的情况，实际选用时，应根据插接器的孔数进行降额使用。另外，从插接器接触电阻角度来讲，对于小信号电路应考虑低电平接触电阻的测试条件测得的接触电阻，对于那些正常锡镀层端子不能满足的小信号电路插接器，可考虑使用贵金属镀层（如银镀层或金镀层）来解决。

（2）机械性能

插接器的机械性能主要包含插拔力、机械寿命以及端子与护套之间的配合力和分离力等，它们在插接器的选用时有着不可忽略的重要作用。

顾名思义，插拔力是将插头与插座分离所需的力。在保证正常通电的前提下，插拔力越小越好，插拔力过大容易导致插头无法顺利拔出，而插拔力过小会导致接触不良。一般车用插接器的最大插拔力不高于75N。机械寿命是指可以插拔的次数。

（3）环境性能

车用插接器的使用非常广泛，而汽车的不同部位所处的环境差异往往很大，因此在车用插接器的选型中，环境因素起着至关重要的参考作用。环境因素主要包含温度、湿度以及防水防尘等。环境温度分为5个等级，试验温度一般略高于环境温度。

任务实施

通过总装基本技能训练可以迅速了解汽车总装相关工作岗位的工作环境和工作技巧，夯实精益求精的工匠精神，突出技能强国，为后续迅速投入实际工作打下良好的基础。

1. 多方向拧螺母、螺栓

多方向拧螺母、螺栓的作业方法、要点与注意事项见表1-3-1。

表 1-3-1　多方向拧螺母、螺栓的作业方法、要点与注意事项

图片	作业方法	要点与注意事项
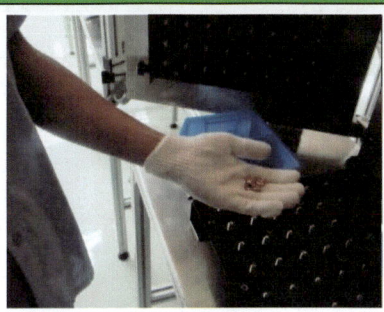 图 1　检验螺栓	一、零件清单（看配置表取件） 1. 标配 无 2. 选配 M6、M8 螺母（若干） M6、M8 螺栓（若干） 内梅花螺栓、螺母（若干） 二、工具 / 设备选用 电动螺钉旋具	
 图 2　拧紧螺栓 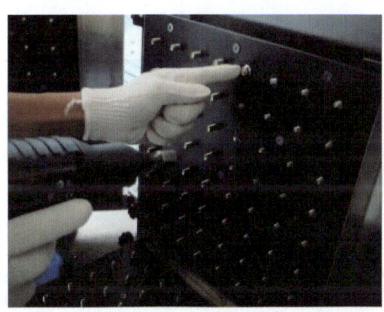 图 3　检验质量 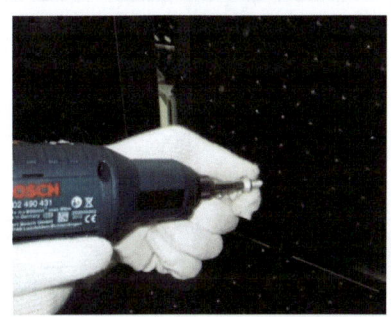 图 4　螺栓放入螺钉旋具	三、基本技能训练 1. 多方向拧螺母（右手握枪） 1）将 10mm 套筒插入电动螺钉旋具上 2）用左手抓取 4 个 M6（M8）螺母 3）检验螺母的数量和质量 4）用右手拿取电动螺钉旋具 5）拿取 1 个 M6（M8）螺母放入电动螺钉旋具 6）在正前方拧入 M6（M8）螺母 7）检验质量 8）拿取 1 个 M6（M8）螺母放入电动螺钉旋具 9）在上方拧入 M6（M8）螺母 10）检验质量 11）拿取 1 个 M6（M8）螺母放入电动螺钉旋具 12）在下方拧入 M6（M8）螺母 13）检验质量 14）拿取 1 个 M6（M8）螺母放入电动螺钉旋具 15）在左方拧入 M6（M8）螺母 16）检验质量 17）将电动螺钉旋具放入左手边的枪架上 2. 多方向拧螺母（左手握枪），步骤与 1 同 3. 多方向拧螺栓 1）步骤与 1 和 2 同，将螺母换成内梅花螺栓即可 2）将内梅花螺栓换成 M8 螺栓重复 1）的动作 4. 内外多角度拧螺母、螺栓，步骤与 1 同 5. 测试	1. 这个训练是培训在不同方向拧螺母、螺栓，这个在总装作业中经常用到 2. 左手和右手分别进行单独操作训练 3. 训练包括前方、上方、下方、左手边、右手边等多方向拧紧 4. 检验不合格的产品应放入红色的废品盒里 5. 注意安全、规范操作

（续）

图片	作业方法	要点与注意事项
图5 拧紧螺栓 图6 工具归位	四、质量要求 1. 保证螺栓、螺母完好 2. 保证螺栓、螺母拧紧到位 3. 保证连接固定牢靠	

2. 支架和自攻螺钉拧紧训练

支架和自攻螺钉拧紧训练的作业方法、要点与注意事项见表1-3-2。

表1-3-2 支架和自攻螺钉拧紧训练的作业方法、要点与注意事项

图片	作业方法	要点与注意事项
图1 检验螺钉	一、零件清单（看配置表取件） 1. 标配 无 2. 选配 M6、M8螺母（若干） 螺钉座（若干） 自攻螺钉（若干） 二、工具/设备选用 电动螺钉旋具	

（续）

图片	作业方法	要点与注意事项
 图2　压入螺钉座 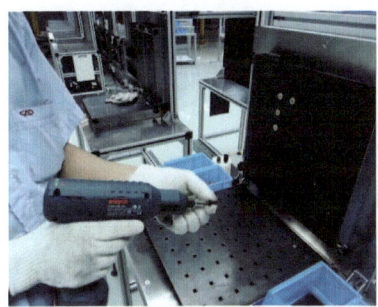 图3　自攻螺钉放入电动螺钉旋具 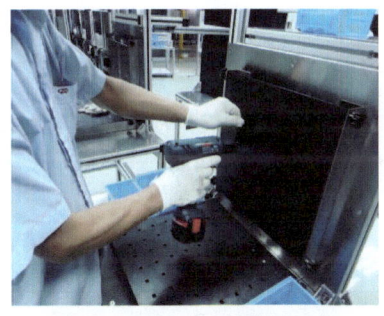 图4　对准方向，将螺钉拧紧 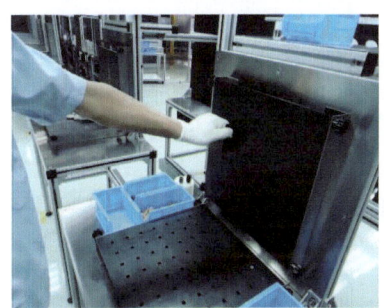 图5　检验支架的牢固性	三、基本技能训练 1.支架"B"和自攻螺钉在前方（右手握枪） 1）将十字刀头插入电动螺钉旋具上 2）用左手抓取4个螺钉座 3）检验螺钉座的数量和质量 4）以此压入第1个、第2个、第3个、第4个螺钉座 5）检验质量 6）用左手抓取4个自攻螺钉 7）检验自攻螺钉的数量和质量 8）用右手拿取电动螺钉旋具 9）拿取1个自攻螺钉放入电动螺钉旋具 10）紧握螺钉的同时，用左手够取支架B 11）将第1个螺钉插入支架B右上方钻孔 12）在前方训练板上预拧第1个螺钉 13）拿取1个螺钉放入电动螺钉旋具 14）对准方向，将第2个螺钉拧入最下方的钻孔处 15）拿取1个螺钉放入电动螺钉旋具 16）在第3个钻孔拧入螺钉 17）拿取1个螺钉放入电动螺钉旋具 18）在第4个钻孔拧入螺钉 19）紧固第1个螺钉 20）检验螺钉的牢固性 21）检验支架的牢固性 22）将电动螺钉旋具放到右手边的枪驾上 2.支架"A"和自攻螺钉在上方（右手握枪） 步骤与1同 3.支架"C"和自攻螺钉在下方（左手握枪） 步骤与1同 4.测试 支架"C"自攻螺钉前方拧紧	1.这个训练是模拟把一个部件（支架）用自攻螺钉拧紧到车上多个部位的流程，之前必须要用螺钉座 2.左手和右手分别进行单独操作训练 3.训练包括前方、上方、下方、左手边、右手边等多方向拧紧 4.检验不合格的产品应放入"红色"的废品盒里

(续)

图片	作业方法	要点与注意事项
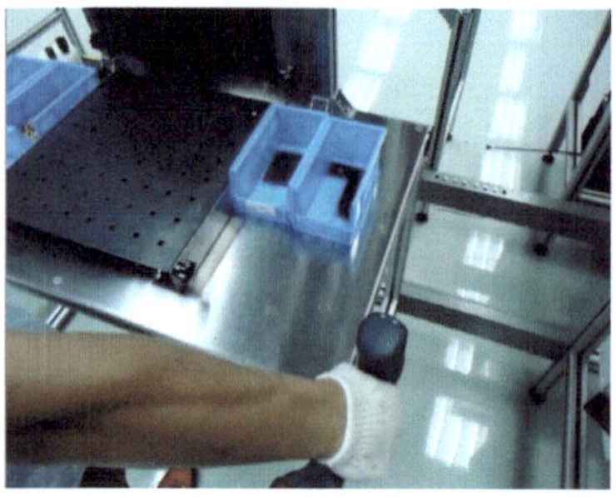 图6 工具归位	四、质量要求 1.保证支架、螺钉完好 2.保证支架、螺钉拧紧到位 3.保证连接固定牢靠	

3. 线束插接拧紧搭铁

线束插接拧紧搭铁的作业方法、要点与注意事项见表1-3-3。

表1-3-3 线束插接拧紧搭铁的作业方法、要点与注意事项

图片	作业方法	要点与注意事项
图1 检查插头	一、零件清单（看配置表取件） 1.标配 无 2.选配 车用控制模块 多种车用插接件 二、工具/设备选用 电动螺钉旋具	
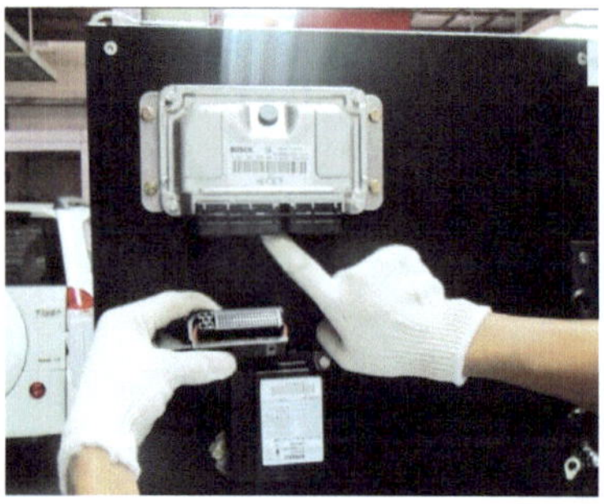 图2 插入插头	三、基本技能训练 1.线束插接（左边） 1）看清楚插头类型 2）从料盒里拿取相应的插头 3）检查连接件之间的接触点 4）检查插头的接触点 5）插入插头并检查质量 6）重复上述步骤完成多个线束插接 2.拧紧搭铁线（右手握枪） 1）把13mm套筒插入电动螺钉旋具上 2）把电动螺钉旋具调到反转 3）从螺栓上松下盖形螺母 4）把电动螺钉旋具放入右边的枪架	1.这个训练是培训线束插接拧紧搭铁线，这个在总装作业中经常用到

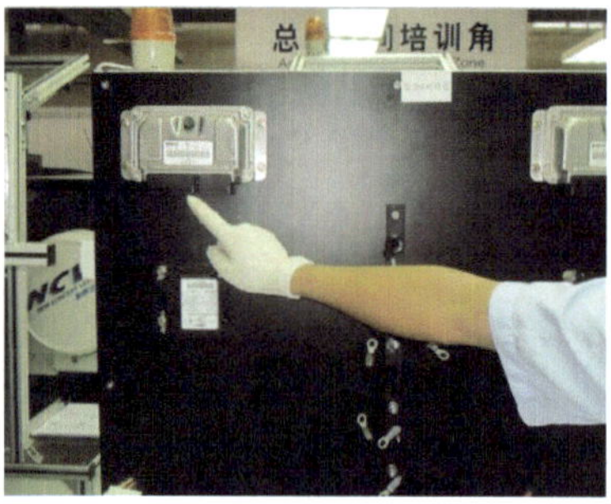

（续）

图片	作业方法	要点与注意事项
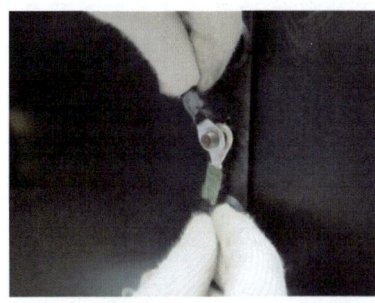 图3　线束插接	5）左手拿盖形螺母 6）先把黄色搭铁线套入螺栓上 7）再把白色搭铁线套入螺栓上 8）右手拿取电动螺钉旋具 9）把电动螺钉旋具调到正转 10）把盖形螺母放入电动螺钉旋具 11）拧紧盖形螺母 12）检验质量 13）拿取力矩扳手 14）复紧盖形螺母 15）放回力矩扳手 16）还有3个盖形螺母 17）重复上面的步骤 3.测试	2.过程中不要破坏面漆 3.连接件的触点如果损坏或者弯曲，插头不允许插入 4.安装搭铁线时检查螺栓底座是否有底漆，有漆要打磨 5.螺栓按力矩拧紧
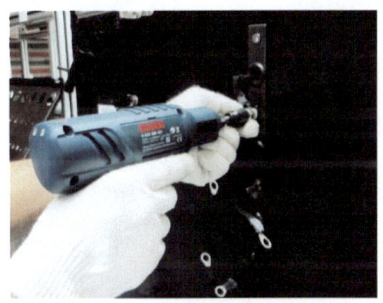 图4　安装搭铁线	**四、质量要求** 1.保证支架、螺栓完好 2.保证支架、螺栓拧紧到位 3.保证连接固定牢靠	
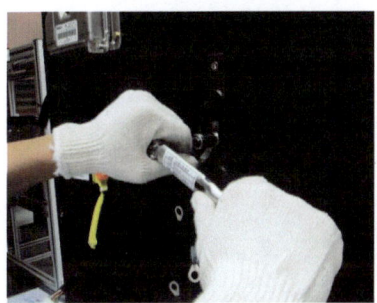 图5　拧紧盖形螺母		
图6　复紧盖形螺母		

课后拓展

上网查找汽车总装方面的视频，观看汽车总装工艺相关视频，特别是涉及本工作任务中基本技能训练的部分。

在车间或实训车间进行技能训练，提高职业能力。

素养育人

匠心铸就品质，创新引领未来

徐弛是一名汽车维修技师，大学专科毕业后来到奇瑞总装车间，面对生产流水线作业，深知熟练、规范操作对整个生产线的重要性，于是他坚持学习总装工艺流程及技术参数，学以致用，精益求精。他在工作中不断总结创新，摸索出多种新的省时省力装配工艺，得到单位的广泛推广，从一名中级工成长为一名技师。他用实际行动诠释了精心专注、精益求精的工匠精神。

项目二
一次内饰装配

- 工作任务一　整车线束装配
- 工作任务二　风窗玻璃装配
- 工作任务三　其他内饰装配

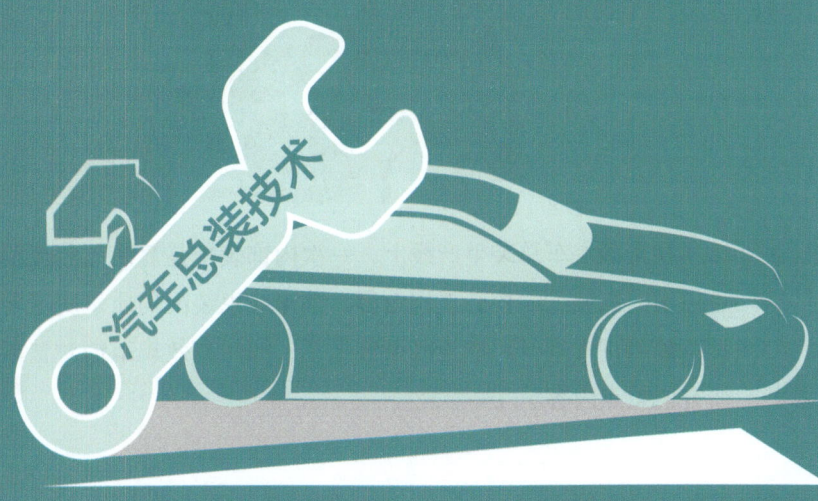

工作任务一 整车线束装配

学习目标

1）培养"爱技、重技、专技、精技"的工匠精神，树立技能报国的爱国情怀。
2）能够正确识别整车上的线束。
3）能够正确描述整车上各线束的位置。
4）熟知整车线束装配时的安全注意事项。
5）掌握整车线束装配。

任务导入

在奇瑞汽车总装生产线上，一次内饰装配是总装工艺流程的第一环节。整车线束装配是一次内饰装配的核心工作内容。整车线束装配的质量决定着后期车辆的电控系统、电器设备能否正常运行。作为线束装配工，如何高效规范地对整车线束进行装配，是本节课要研究的重点内容。

知识准备

1. 汽车线束定义

汽车线束是汽车电力和信号传输的纽带或通道。它将汽车上的电源、传感器、控制单元、执行器等各种电气设备连接起来，使电力能够顺利输送到各个用电设备，同时确保信号能够在不同设备之间准确、快速地传递，从而实现汽车的各种功能，保证汽车的正常运行和安全性。汽车线束从功能上来分，有运载驱动执行元件（作动器）电力的电力线和传递传感器输入指令的信号线两种。随着人们对舒适性、经济性、安全性要求的不断提高，汽车上的电子产品种类也在不断增加，汽车线束越来越复杂，其故障率也相应增加。

2. 汽车线束组成

汽车线束主要是由导线、端子、插接件、覆盖物（胶带和管子）、电测标签以及密封件（密封塞和堵头）等组成，是车辆电器元件工作的桥梁和纽带，整车电器要达到正常、稳定工作，除了各电器元件的自身质量以外，与线束在车辆上的铺设情况也密切相关。

3. 汽车线束分布

1）主线束：主要分布在发动机舱和底盘的少部分。

2）座舱线束：主要分布在座舱内。

3）仪表线束：分布在仪表板内。

4）发动机线束：分布在发动机上。

5）小线束：左前门线束、右前门线束、左后门线束、右后门线束、后背门线束、顶篷线束、天线线束、前保险杠线束、后保险杠线束、正极电缆、负极电缆。

任务实施

1. 整车线束装配工艺流程

一次内饰线束装配流程，主要包括装配室内线束（依次装配室内防火墙处线束→室内右侧A柱线束→室内前顶横梁右侧处线束→室内左侧A柱线束→室内前顶横梁左侧处线束→室内地板左前纵梁处线束→室内左后轮罩处线束→室内左侧C柱线束→室内地板左后纵梁处线束→室内后地板左侧线束→室内地板右前纵梁处线束→室内右后轮罩处线束→室内地板右侧C柱线束→室内地板右后纵梁处线束→室内后地板右侧线束→备胎池线束）、后背门线束（后背门线束橡胶件处→后背门左侧线束→后背门右侧线束）、发动机舱内线束（依次装配左前翼子板内侧线束→右前翼子板内侧线束）、分装线上的四个车门线束、分装线上的仪表台线束。

2. 整车线束装配操作

（1）室内线束装配

室内线束装配的作业方法、要点与注意事项见表2-1-1。

线束装配

表 2-1-1 室内线束装配的作业方法、要点与注意事项

图片	作业方法	要点与注意事项
 图1 整车线束布置	一、零件清单（看配置表取件） 1. 标配 无 2. 选配 室内地板线束总成（看配置表零件号取件）1根	看配置表零件号取件
	二、工具/设备选用	
	电动螺钉旋具/套筒、蓄电池弯角扳手/套筒、点漆笔	$M=(9±1.5)$ N·m $S=10mm$ $M=(15±2.5)$ N·m $S=13mm$
	三、装配	
 图2 安装橡胶件 图3 右侧A柱线束安装	1. 看配置表，确认线束为合格状态 2. 展开室内线束，整车线束布置走向，见图1 3. 首先根据线束走向依次将室内线束前舱右侧插接器穿过车身前挡板两侧钣金孔，安装好橡胶件，装配橡胶件时先对上端箭头处固定卡扣进行固定，再对下端箭头处卡扣进行固定，橡胶件安装完成后，拉主干线束以确保橡胶件装配到位，见图2 4. 按卡扣与钣金孔相对位置安装右侧A柱线束，直到顶篷横梁中部完成，见图3	1. 插接器损坏、线束破损为不合格 2. 保证橡胶件圈出凸台处朝上

（续）

图片	作业方法	要点与注意事项
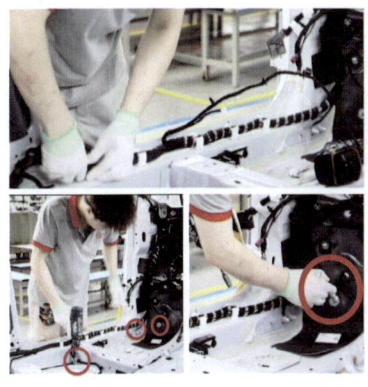 图4　左侧A柱线束安装 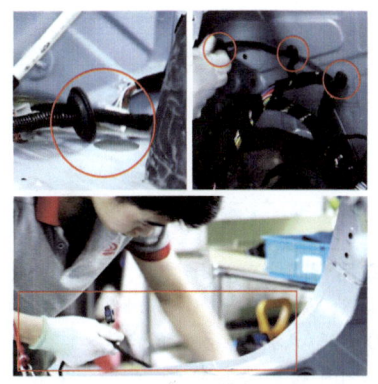 图5　固定搭铁螺母 图6　车辆后横梁线束安装	5. 与右侧装配工艺相同，将左侧前舱主线束安装，并按卡扣与钣金孔相对位置安装左侧A柱线束，直到顶篷横梁中部，见图4 6. 根据线束走向，按卡扣与钣金孔相对位置安装左侧底槛线束、按规定力矩固定搭铁螺母，并做点漆确认，见图5 7. 根据线束走向，按卡扣与钣金孔相对位置安装右侧底槛线束、按规定力矩固定搭铁螺母，并做点漆确认 8. 安装车舱后部线束，将线束穿过钣金孔，将车辆后横梁线束安装，然后固定线束的3个卡点，见图6 9. 按线路走向依次安装车舱左后部线束（图中箭头处），卡点安装到位，见图7 10. 按线路走向依次安装车舱右后部线束，卡点安装到位 11. 车内线束安装完毕	3. 按压卡扣至钣金孔接触面贴合 4. M8搭铁 $M=(15\pm2.5)$ N·m $S=13\text{mm}$ 5. 待各用电设备安装完毕后，对接相应插接器
	四、质量要求	
	1. 插接器安装到位 2. 线束橡胶件安装到位 3. 线束固定卡扣安装到位 4. 搭铁螺母固定，必须按规定力矩拧紧，并点漆确认	

（续）

图片	作业方法	要点与注意事项
图7 车舱左后部线束安装		

（2）后背门线束及发动机舱线束装配

后背门线束及发动机舱线束装配的作业方法、要点与注意事项见表2-1-2。

后背门线束装配

表2-1-2 后背门线束及发动机舱线束装配的作业方法、要点与注意事项

图片	作业方法	要点与注意事项
图1 选配后背门线束	一、零件清单（看配置表取件） 1. 标配 无 2. 选配 后背门线束（806005207AA）1根 后背门线束（806005210AA）1根 后背门线束（806005208AA）1根 后背门线束（806005211AA）1根	1.5L+M 基本型 1.0T+CVT 豪华型/1.5+CVT 豪华型
	二、工具/设备选用	
图2 后背门线束左侧走向	三、装配 1. 看配置表，到小车处取后背门线束。拆纸胶带，确认线束为合格状态，见图1 2. 取后背门线束（806005208AA），将线束从后背门左侧内板的钣金孔中按箭头方向穿出，并将①和②两处的橡胶堵件安装到钣金上，见图2	1. 插接器损坏、线束破损为不合格 2. 按压橡胶堵件至钣金孔接触面贴合

（续）

图片	作业方法	要点与注意事项
 图3　后背门线束右侧走向	3. 取后背门线束（806005211AA），将线束从后背门右侧内板的钣金孔中按箭头方向穿出，并将③和④两处的橡胶堵件安装到钣金上，见图3 4. 将后背门左侧线束绕后背门左侧拉开，线束上的卡扣与钣金孔位置对上后安装 5. 将后背门右侧线束绕后背门右侧拉开，线束上的卡扣与钣金孔位置对上后安装 6. 依次固定左前翼子板内侧线束，见图4 7. 依次固定右前翼子板内侧线束，见图5	3. 待后尾灯装配好后对接相应插件
 图4　左前翼子板内侧线束安装		
 图5　右前翼子板内侧线束安装	四、质量要求 1. 线束卡子卡接牢靠、不松脱 2. 线束走向正确，无扭曲、打折、缠绕现象 3. 线束护套装配到位，与钣金贴合 4. 搭铁螺母固定，必须按规定力矩拧紧，并点漆确认	

课后拓展

到图书馆、阅览室查阅汽车总装方面的书籍与杂志，上网查找其他品牌车型线束装配工艺资料，观看汽车线束装配工艺相关视频。在实训车间进行以下线束分装训练项目，提高职业能力：

前保线束装配

VIN码拓号

1)拆卸发动机线束并规范安装。

2)拆卸仪表线束并规范安装。

素养育人

线束装配筑基石,精益求精铸品质

在汽车总装生产线上,线束被誉为汽车的"神经网络",它不仅承载着电流信号,更是确保电气系统稳定、安全运行的关键。线束的装配质量直接关系到汽车的性能和乘员的安全。因此,在总装生产线的线束装配中,我们要特别注重树立质量第一的工作理念,深刻认识到每一个线头插接细节都至关重要。在工作中通过细致入微的观察力和判断力,不断实践,培养严谨认真、精益求精的职业精神。只有这样,才能在未来的工作中,为汽车总装生产线上线束装配的精准与可靠提供坚实保障,确保每一辆汽车都能安全、稳定地驶向未来。

工作任务二 风窗玻璃装配

学习目标

1) 培养"爱技、重技、专技、精技"的工匠精神,树立技能报国的爱国情怀。
2) 熟悉风窗玻璃装配工艺。
3) 能够正确装配风窗玻璃。
4) 能够分析风窗玻璃漏水原因。

任务导入

在汽车总装车间淋雨试验或在市场质量反馈中,经常会遇到风窗玻璃漏水的问题。汽车风窗玻璃主要通过胶接的形式与车身连接,风窗玻璃装配工艺直接决定装配质量,装配不良则会导致漏水现象,增加客户投诉及抱怨,降低客户满意度。风窗玻璃漏水问题排查困难、返修工艺复杂、成本很高,严重影响整车质量。

知识准备

1. 认知风窗玻璃

汽车风窗玻璃和其他位置玻璃不一样,风窗玻璃从最开始的透明无色玻璃,到后来的钢化玻璃,现在演变出双层夹胶玻璃、抗紫外线玻璃等。夹胶玻璃是用一层透明可塑性的膜或者胶水贴在第二或第三层玻璃中间,将塑料的强韧和玻璃的坚硬互相结合,增加了玻璃的抗破碎能力。而钢化玻璃是将普通的白玻璃通过淬火，使玻璃内部分子间产生内应力，使玻璃硬度加强。在受到冲击时，钢化玻璃将会均匀地碎裂成小块，如在钢化玻璃上贴加透明膜或太阳膜的话，钢化玻璃整体碎裂后将不会有碎片掉落，对乘员起到了一定的保护作用，避免二次伤害。而区域钢化玻璃是钢化玻璃的一个新品种，它经过特殊处理，在受到冲击破裂时，玻璃的裂纹仍可以保持一定的清晰度，保证驾驶员的视野区域不受影响。目前汽车前风窗玻璃以夹层钢化玻璃和夹层区域钢化玻璃为主，能承受较强的冲击力。

随着汽车玻璃技术的发展，新风窗玻璃技术也陆续出现。例如，通过减少阳光对轿车车厢内的影响，提高舒适性。目前广泛使用的"绿色玻璃"就是采用反射涂层工艺或改善玻璃的成分，只让阳光中的可见光进入车厢内，挡住紫外线和红外线。目前有一种反红外线辐射银膜玻璃，在多片夹层玻璃中加入镀银薄膜，其红外线反射率为48%，当阳光通过这种看似普通的玻璃时，光和热会减少23%。这种玻璃实际上还起到隔热节能作用，可相对减少空调能量损失。另外，在北方寒冷地区的汽车风窗玻璃容易雾化结冰，一种可加温的汽车玻璃可解决这一问题。这种玻璃将极细小的几乎看不见的电热丝做成波状，放在夹层玻璃中的塑料膜里，通过电阻器与电路连接。车窗加热丝具有一定的加热范围，热功率可达到$3\sim5W/cm^2$，起到防霜、防雾化、防结冰的作用。

2. 风窗玻璃装配施工环境

工作场地要求通风和照明条件良好，最佳施工条件要将温度控制在20~30℃，湿度50%~70%RH，超出温度湿度应谨慎施工；无灰尘，要有单独的施工工序。

任务实施

1. 风窗玻璃装配工艺流程

前风窗玻璃装配通常在顶篷及仪表台工位之后进行，玻璃装配工位通常放在内饰线末端。按照风窗玻璃供货形式，主要分为有底胶和无底胶两种类型。不同类型的风窗玻璃在装配流程上存在差异，见表2-2-1。

表2-2-1 风窗玻璃装配流程差异

类型	风窗玻璃放分装台	装风窗玻璃胶条	激活风窗玻璃胶条	清洗风窗玻璃	风窗玻璃涂底胶	风窗玻璃放涂胶机	风窗玻璃自动涂胶	安装风窗玻璃	检查风窗玻璃溢胶
无底胶	●	●	●	●		●	●	●	●
有底胶	●	●			●	●	●	●	●

2. 风窗玻璃黏结剂操作规范

常见的黏结剂主要包括玻璃底涂、车身底涂、玻璃表面激活剂及玻璃胶。每种辅料在使用过程中，对于适用环境以及固化时间都有严格要求，见表2-2-2。

表2-2-2 黏结剂操作规范

规范	玻璃底涂	车身底涂	玻璃表面激活剂	玻璃胶
适用范围	均匀涂在玻璃边框为涂玻璃胶做准备	涂在车身窗框为涂玻璃胶做准备	涂底涂前激活需涂底胶表面（无底涂）涂玻璃胶前激活底涂表面（自带底涂）	粘结玻璃与车身，且具有良好的密封性
预处理	充分振荡摇匀	充分振荡摇匀	—	加热（55±3）℃
使用中	开罐后需在72h内使用完，否则废弃	开罐后需在72h内使用完，否则废弃	开罐后需在72h内使用完，否则废弃	开罐后需在72h内使用完，否则废弃
使用（涂胶）后	胶干后进行下一步操作	胶干后进行下一步操作	待表面完全干燥或者用抹布擦干表面后进行下一步操作	在5min内需将风窗玻璃安装到车身上
安全	使用时，需防止蒸气吸入，一般采取的方法是配戴防护口罩			

3. 风窗玻璃装配操作

前、后风窗玻璃装配的作业方法、要点与注意事项见表2-2-3。

表2-2-3 前、后风窗玻璃装配的作业方法、要点与注意事项

图片	作业方法	要点与注意事项
图1 踏板位置	一、零件清单（看配置表取件） 1. 标配 无 2. 选配 前、后风窗玻璃（看配置表零件号取件） 二、工具/设备选用 涂胶设备、装配机器人、酒精布、底漆刷	

（续）

图片	作业方法	要点与注意事项
 图2 底漆涂刷  图3 前风窗玻璃附件安装  图4 限位滚轮升起位置  图5 玻璃调位	三、装配 1. 在移动小推车上取后风窗玻璃，并将后风窗玻璃放到传送带上，脚踩图片中圈方框的踏板，将标记两个圆点处的两个限位传动滚轮升起，见图1 2. 后风窗玻璃放平，用酒精布清洁后风窗玻璃一圈，然后按红色标线用底漆刷涂刷一圈，涂刷完毕后踩踏板放下两个限位传动滚轮，见图2 3. 安装前风窗玻璃上的附件（雨量传感器/光线传感器、卡簧），见图3 4. 在移动小推车上取前风窗玻璃，并将前风窗玻璃放到传送带上放平，将两个限位传动滚轮升起，用酒精布清洁前风窗玻璃一圈，然后用底漆刷涂刷一圈，涂刷完毕后踩踏板放下两个限位传动滚轮，见图4 5. 后风窗玻璃在底漆经过空调吹干后到达机器人涂胶位置，限位传动滚轮将玻璃调整到确定位置，见图5 6. 限位滚轮释放，机器人开始自动涂胶，见图6 7. 机器人涂完胶后，限位滚轮下降，传送带将后风窗玻璃输送到移栽机位置，移栽机将玻璃抓起，见图7 8. 抓起的后风窗玻璃被输送到整车后风窗玻璃安装位置，按下开始安装按钮，按钮灯亮开始下拉移栽机，使后风窗玻璃紧贴辅具边缘。按按钮，灯灭，移栽机自行返回吸取下一块后风窗玻璃，拍压风窗玻璃。割1段PVC胶带，将后风窗玻璃用1段胶带粘贴，见图8	1. 检查玻璃来件是否不良、车身焊点是否有沙眼（焊接参数问题、薄板烧穿、油污或粉尘等会导致漏水） 2. 保证玻璃干净，涂胶处无灰尘 3. 涂完底漆后要经过空调吹干 4. 工作人员要戴消毒口罩 5. 机器人涂胶拐角处圆弧过渡不良、接头处堆胶、接头处胶接不良、涂胶嘴黏胶、更换新胶时未进行排气导致玻璃胶有气泡可能导致玻璃漏水

（续）

图片	作业方法	要点与注意事项
 图6　机器人涂胶  图7　移栽机玻璃吊运  图8　后风窗玻璃安装  图9　前风窗玻璃安装	9. 前风窗玻璃在底漆经过空调吹干后到达机器人涂胶位置，限位传动滚轮将玻璃调整到确定位置，限位滚轮释放，机器人开始自动涂胶。机器人涂完胶后，限位滚轮下降，传送带将前风窗玻璃输送到移栽机位置，移栽机将玻璃抓起，抓起的前风窗玻璃被输送到整车前风窗玻璃安装位置。按下开始安装按钮，按钮灯亮开始下降移栽机，使前风窗玻璃紧贴辅具边缘。按下按钮，灯灭，移栽机自行返回吸取下一块前风窗玻璃，拍压风窗玻璃，用 PVC 胶带粘贴，见图9	6. 安装玻璃人员要做好安全防护，戴好安全帽 7. 前风窗玻璃最少要贴4段胶带
	四、质量要求	
	1. 每块玻璃都要做清洁工作 2. 风窗玻璃上的底漆要涂抹均匀 3. 前、后风窗玻璃要拍打到位，拍打均匀 4. 要对每一块风窗玻璃进行检查 5. 在安装前、后风窗玻璃前，对吊来的前、后风窗玻璃要进行涂胶检查，必须检查涂胶的情况 6. 自动化装备精度要高	

课后拓展

到图书馆、阅览室查阅汽车总装方面的书籍与杂志，上网查阅汽车风窗玻璃装配最新动态资讯，观看汽车风窗玻璃装配工艺相关视频。查阅相关资料，回答以下问题：

1）分析风窗玻璃漏水原因。
2）分析风窗玻璃破碎后的主要形态。

素养育人

安全之窗，环保同行

风窗玻璃，作为车辆安全体系中不可或缺的一环，其装配质量直接关系到驾驶员和乘客的生命安全。每一块风窗玻璃都承载着保护车内人员安全的重任，因此，其装配过程必须严谨细致，符合严格的安全规范。通过分析由于装配不当导致交通事故的真实案例，我们能深刻认识到风窗玻璃装配细节的重要性。这些案例是因为使用了不合格的材料而引发的安全隐患。通过这些鲜活的例子，我们能够更加直观地理解到，一个小小的细节疏忽，都可能导致无法挽回的后果。

另外，我们还要关注风窗玻璃在环保方面的作用。随着环保意识的日益增强，汽车行业也在积极寻求更加环保的材料和解决方案。环保材料的风窗玻璃不仅能够减少对环境的污染，而且在回收处理时也更加便捷高效。我们要思考汽车行业在环境保护中的角色与责任，作为未来汽车行业的从业者，我们需要承担起保护环境、促进可持续发展的重任。

工作任务三 其他内饰装配

学习目标

1）培养"爱技、重技、专技、精技"的工匠精神，树立技能报国的爱国情怀。
2）能够正确装配顶篷及其附件。
3）能够正确装配地毯及其附件。
4）能够正确装配仪表及其附件。
5）能够正确装配踏板。

任务导入

汽车内饰系统是汽车车身的重要组成部分，汽车内饰不仅有装饰的作用，在汽车的功能、安全性、舒适性以及减振、隔热、吸声、触觉和视觉等方面也起着非常重要的作用。因此，内饰代表了整部汽车的形象，决定着汽车的声誉和档次，影响人们购车选择的意愿。

知识准备

1. 汽车顶篷

顶篷内饰是汽车整车内饰的重要组成部分，它的主要作用是提高车内的装饰性，同时顶篷内饰还可以提高与车外隔热、绝热效果，降低车内噪声，提高吸声效果，以及提高乘员舒适性和安全性。

常用的汽车顶篷有软顶和硬顶两种形式。软顶一般由面料和泡沫层用层压法复合在一起。泡沫层用聚氨酯或交联聚乙烯泡沫制造，起隔热、隔声、吸声、减振作用。面料多数为无纺布机织布或PVCM膜等材料制造，起装饰作用，其颜色和质地要与车身内饰颜色和质地相协调。硬顶是具有一定刚性和立体形状的内饰件，采用多层材料复合成形的整体硬顶，由基材、缓冲隔热层和表皮层叠一体成形。基材可采用PU发泡片材、PP发泡片材、瓦楞纸、玻璃纤维等。

2. 汽车地毯

汽车地毯作为汽车内饰覆盖件的关键部件，安装在汽车底板钣金内壁上，除了外观覆盖、脚踩时的软触感、增强车内美观舒适之外，还有吸声、隔热、防尘、防水、防滑、阻燃等作用，另外也遮盖了车内的螺钉、空穴和零部件的尖角部位，使驾乘人员更安全。同时它还是主要声学包零部件，对整车的NVH和感官舒适性有重要影响。

3. 汽车仪表

目前现代汽车大多采用组合仪表，组合仪表一般由面罩、边框、表芯、控制电路板、插接器、警告灯、指示灯及仪表灯等部件组成，有些仪表还带有电源稳压器和报警蜂鸣器。不同汽车组合仪表中的仪表个数不同，其表板上主要仪表有冷却液温度表、燃油表、车速里程表和发动机转速表；表板上还有许多指示灯、警告灯、仪表灯等。

任务实施

地毯及附件装配

1. 其他内饰装配工艺流程

其他内饰装配应先安装顶篷及附件，再安装地毯及附件、踏板、仪表及附件等。

2. 一次内饰其他主要部件装配工艺

一次内饰其他主要部件装配的作业方法、要点与注意事项见表2-3-1。

表2-3-1 一次内饰其他主要部件装配的作业方法、要点与注意事项

图片	作业方法	要点与注意事项
图1 安装后顶灯	一、零件清单（看配置表取件） 1.标配 无 2.选配 顶篷、地毯、踏板、仪表（看配置表零件号取件）	

（续）

图片	作业方法	要点与注意事项
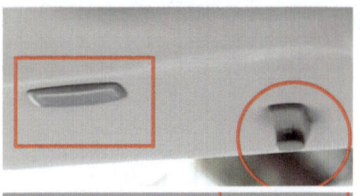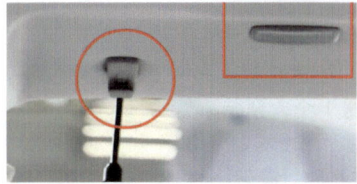 图2 安装化妆镜卡扣及灯  图3 安装前顶灯 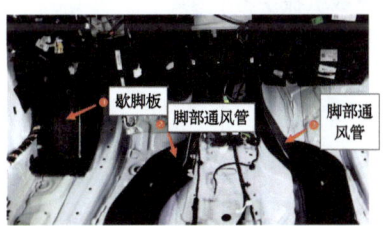 图4 歇脚板及通风管位置  图5 安装车内大减振垫	二、工具/设备选用 电动螺钉旋具/套筒、电动弯角枪、点漆笔、机械手 三、装配 1. 顶篷及附件装配 1）到SPS小车处取顶灯，拆包装，取传声器，将传声器分装到顶灯上，取固定座两个放入料盒内，走到右前处，看配置表后返回工作台，取顶篷卡扣4个，到后舱固定顶篷卡扣2个（左后处固定顶篷卡扣1个，右后处固定顶篷卡扣1个），将后顶灯线束连接。走至右侧顶篷放置处，取顶篷1个，到右前处，将顶篷从前风窗玻璃位置穿入车内 2）安装后顶灯到顶篷上，见图1 3）安装化妆镜固定卡扣，用电动螺钉旋具拧紧，安装两个化妆镜灯，见图2 4）安装前顶灯，并依次拍紧顶篷卡扣，见图3 5）安装C柱上的护板总成 6）安装B柱上的护板总成 7）安装A柱上的护板总成 8）安装后门门洞密封条 9）安装前门门洞密封条 10）安装乘客扶手总成。安装遮阳板总成 2. 地毯及附件装配 1）到SPS小车，取车内右脚部通风管与空调下出风口对接，取电动螺钉旋具1把、螺栓3颗，用螺栓将右脚部通风管紧固到位，取车内左侧歇脚板，将左侧脚部通风管与空调下出风口对接，取电动螺钉旋具1把、螺栓3颗，用螺栓将右脚部通风管紧固到位，见图4 2）取车内大减振垫并装配平整，将3条箭头处座椅线束从减振垫孔中掏出，见图5	1. 安装顶篷时让卡扣与顶篷安装到位 2. 顶篷总成与立柱护板安装紧密 3. 安装顶篷后，顶篷总成与密封条之间安装紧密 4. 安装顶篷总成时，要用力适度，操作时小心谨慎，避免损坏内饰和车身喷漆 5. 前化妆镜固定卡扣的两个固定螺钉，拧紧力矩为（3.0±0.5）N·m 6. 安装地毯总成时，务必注意地毯总成周围的平度和室内相关线束的走向，不能出现不平整现象，铺实 7. 制动踏板总成与车身固定螺栓力矩为（23±2）N·m 8. 真空助力器总成与制动踏板总成4颗固定螺栓力矩，每颗为（23±2）N·m 9. 加速踏板上的固定螺母力矩为 $M=(9±1.5)$N·m $S=10$mm

（续）

图片	作业方法	要点与注意事项
 图6　安装车内地毯 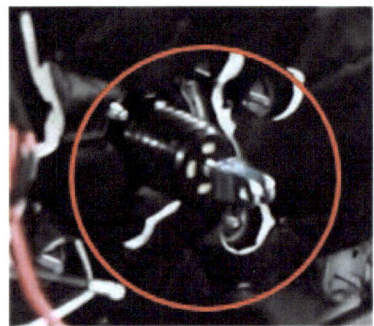 图7　真空助力器预装  图8　加速踏板固定螺母位置 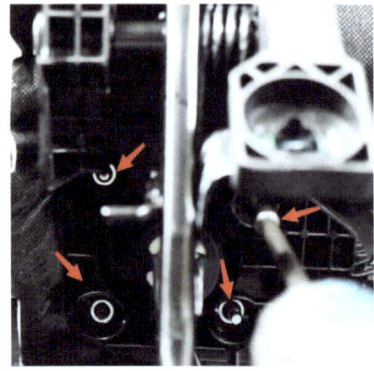 图9　真空助力器总成与制动踏板总成固定螺母位置	3）取车内地毯并装配平整，将座椅线束从地毯孔中掏出，见图6 4）安装B柱下护板总成 5）安装A柱下护板总成 6）安装后门门洞密封条 7）安装前门槛压板总成 3. 踏板装配 1）确认装配内容，取工具料盒回工位，取制动踏板5颗固定螺母，加速踏板4颗固定螺母。取真空助力器1个，预装在钣金孔中，见图7 2）用手按压制动灯开关并顺时针旋转，使开关本体与踏板安装孔长度方向准确对应，将制动开关总成逆着踏板的开口方向插入，将制动灯开关安装，制动灯开关上的插接器和加速踏板传感器插接器安装好，紧固加速踏板上4颗螺母，见图8 3）安装真空助力器总成与制动踏板总成的4颗固定螺母（箭头），见图9 4）将所有螺母按规定力矩拧紧 5）下推制动踏板，将销子安装到位，并用油漆笔做标记 4. 仪表及附件装配 1）确认配置表，到仪表板机械手处确认VIN码是否一致，用仪表板机械手将AGV小车上的件取下，操作机械臂将仪表板送入车内	

（续）

图片	作业方法	要点与注意事项
 图10　仪表板右侧螺栓固定 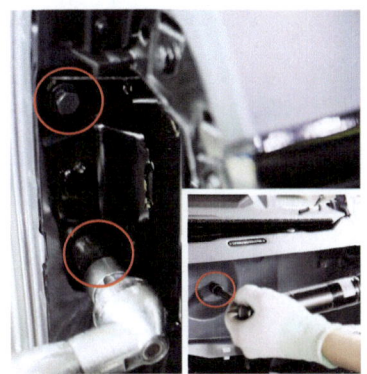 图11　仪表板左侧螺栓固定	2）将仪表板插入车内支架上，同时确认水管及支架完好，取电动弯角枪1把、螺栓2颗，用电动弯角枪将右侧仪表横梁与车身连接的2颗螺栓紧固，取出仪表板机械手，作业完成返回工位，见图10 3）确认配置表，取3颗螺栓及电动弯角枪1把，到车身左前门，将仪表横梁定位销插到仪表横梁挡板孔内，用电动弯角枪依次紧固3颗螺栓，见图11。紧固完成后将电动弯角枪放到前舱流水槽处，取仪表板VIN码小铭牌一张（检查铭牌是否合格），将仪表板小铭牌贴到仪表板凹槽处，装配完成后自检，返回工位	
	四、质量要求	
	1.各卡扣连接到位，顶篷安装后无松动，无异响 2.A、B、C柱饰板安装到位，安装后无异响。各螺栓按规定力矩拧紧 3.各插接器做到插靠到位，无漏装 4.仪表板装完后缝隙要均匀一致	

课后拓展

观看车门分装视频，查阅资料，了解车门分装流程，完成以下工作任务：

1）在整车上拆下车门及其所有零配件。
2）按装配工艺流程装配所有零配件。

四门线束装配

素养育人

练精湛技艺，走绿色之路

在汽车制造行业中，实际操作与理论知识的结合是每一位从业者不可或缺的能力。以汽车仪表板、地面控制台、车门内饰、座椅及安全带的装配为例，这些看似细微的环节实则关乎汽车的整体品质与乘员的舒适安全。通过亲自动手进行装配，我们不仅能够深入理解汽车构造的奥秘，更能将理论知识转化为实际操作中的精湛技艺。

  在装配过程中，环保意识的培养和践行尤为重要。不仅要追求装配的精准与高效，更要思考如何在各个环节中采用环保材料，减少废弃物的产生。例如，选择可降解或可回收的材料来替代传统的塑料部件，不仅能够减轻环境压力，还能为汽车行业的绿色可持续发展贡献力量。

项目三
动力总成与底盘装配

- 工作任务一　动力总成分装
- 工作任务二　动力总成附件装配
- 工作任务三　前副车架与动力总成合装
- 工作任务四　后桥分装
- 工作任务五　线束与管路安装

工作任务一 动力总成分装

学习目标

1) 培养"爱技、重技、专技、精技"的工匠精神,树立技能报国的爱国情怀。
2) 能够正确叙述动力总成分装的工艺。
3) 能够正确描述动力总成分装的装配方法。
4) 熟知动力总成分装的安全注意事项。
5) 熟练掌握动力总成与变速器的分装操作。

任务导入

在奇瑞汽车总装生产线上,底盘装配线包括动力总成、前后副车架、底盘管路、排气管等汽车底盘零部件。请你对动力总成进行分装,然后输送到底盘装配线,进行底盘其他部分的装配。

知识准备

1. 动力总成定义

动力总成指的是车辆上产生动力,并将动力传递到路面的一系列零部件组件,广义上包括发动机、离合器、变速器、差速器、驱动轴等。但通常情况下,动力总成一般仅指发动机、变速器，以及集成到变速器上面的其余零件，如离合器、前差速器等。

2. 动力总成基本构成

（1）发动机及附件

发动机及附件包括以下部件：

1）发动机本体：曲柄连杆、正时、配气、润滑部件。

2）进气系统（节气门体以后）：节气门以前一般为动力总成集成。

3）排气系统（三元催化器以前）：三元催化器以后一般为动力总成集成。

4）冷却系统（集成到发动机缸体部分，如水泵节温器等）：散热器、风扇及进出水管，一般为动力总成集成。

5）供油系统（至缸体的油轨及油嘴）：燃油箱、油泵及油轨管路，一般为动力总成集成。

6）发动机悬置：一般为动力总成集成。

7）发动机线束及控制单元。

8）增压机械：机械、涡轮增压。

（2）变速器及附件

变速器及附件包括以下部件：

1）变速器本体：齿轮、拨叉等变速器本体内部件。

2）换档控制：换档台、拉索等。

3）自动变速器的液压系统或者控制驱动电机、变速器控制单元等。

3. 动力总成基本特点

动力总成具有以下特点：

1）动力总成中发动机是汽车的心脏，变速器是动力传输、变换的中枢系统。

2）动力总成决定汽车的动力性、经济性、环保性等。

3）动力总成结构复杂、零件众多、机械精度要求高、成本高。

4）动力总成的高端、核心技术多，是企业核心技术之一。

5）动力总成是汽车企业具有核心竞争价值的关键。

6）动力总成是市场和消费者关注的热点。

任务实施

1. 动力总成分装工艺流程

动力总成装配的工艺流程如图3-1-1所示。

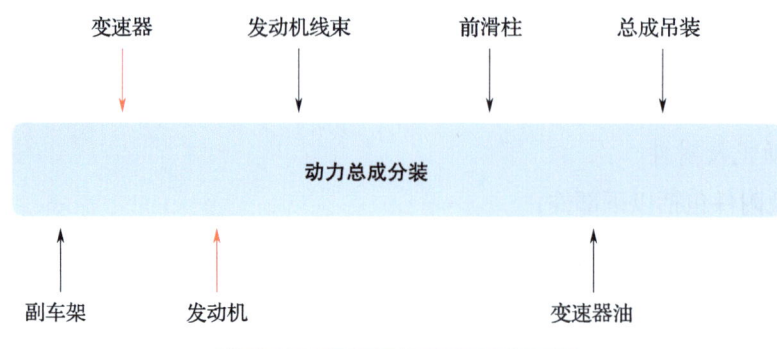

图 3-1-1 动力总成装配工艺流程

动力总成分装主要是在副车架总成基础上,先将发动机与变速器总成组装,然后再加装发动机线束、起动机、传动轴等,最后将变速器油液加注后,吊装至底盘分装区进行装配。

动力总成作为汽车最重要的总成系统之一,关系到行车安全,也是各级各类技能大赛和职业技能等级证书考查的重点内容。因此,在操作过程中要规范严谨,以精益求精的态度对待每一个部件的装配。

2. 动力总成分装操作

(1) 吊发动机到分装线

吊发动机到分装线的作业方法、要点与注意事项见表3-1-1。

表 3-1-1 吊发动机到分装线的作业方法、要点与注意事项

图片	作业方法	要点与注意事项
图1 气动葫芦挂钩卡入吊耳	一、零件清单(看配置表取件) 1.标配 无 2.选配 E4T15C-1000010AQ 发动机总成 1个 DT1-0000E102AA 发动机总成 1个 DT1-0000E83AA 发动机总成 1个 防尘垫片(M11-1501302)1个 防尘垫片(123000017AA)1个	看配置表装车 1.5T 1.6T 1.5L+CVT18 1.5TCI+CVT25
	二、工具/设备选用	
	气动葫芦 发动机托盘	

（续）

图片	作业方法	要点与注意事项
图2 发动机置于托盘支撑杆（变速器支撑点） 图3 定位销定位（发动机曲轴孔、定位销）	三、装配 1. 看配置表，确认发动机型号与配置表保持一致，且发动机总成为合格状态 2. 将气动葫芦两挂钩卡入发动机自带的两吊耳内，见图1 3. 根据发动机型号在托盘上选择相对应的托盘支撑杆并竖立起来，上下微调发动机，使发动机放置在发动机托盘上，发动机各点与托盘支撑杆对齐（共4点），见图2 4. 将吊钩从发动机吊耳上取下，并移走气动葫芦 5. 将防尘垫片固定到发动机上，并使发动机上的2个定位销对准发动机托盘上的定位销，见图3 6. 取2个双头螺柱，预拧入发动机固定孔内，预拧大于1牙	1. 发动机条形码、发动机缸号及发动机拓印码三者一致 2. 吊钩要完全钩入A、B两点吊耳内 3. 吊装、放置发动机时要缓慢，注意不要碰伤机油滤清器、油底壳及各个传感器，同时使发动机保持平稳 4. 发动机托盘定位销完全与发动机支撑座贴合，无外漏 5. 防尘垫片定位孔要完全卡入定位销至底部与发动机面贴合
	四、质量要求 1. 吊装过程中防止发动机磕碰 2. 发动机吊装到位 3. 防尘垫片固定牢靠	

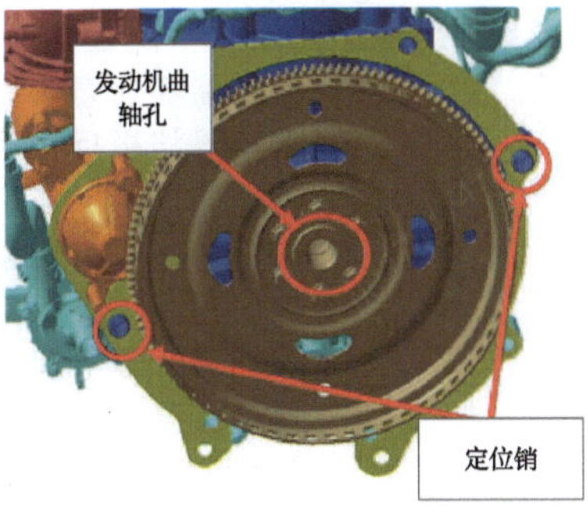

（2）变速器上线吊装

变速器上线吊装的作业方法、要点与注意事项见表3-1-2。

表3-1-2 变速器上线吊装的作业方法、要点与注意事项

图片	作业方法	要点与注意事项
图1 定位辅具预拧（CVT车型吊装前将定位辅具预拧到变速器下端安装孔内）	一、零件清单（看配置表取件） 1. 标配 无 2. 选配 变速器总成（121000041AA）1个 变速器总成（121000042AA）1个 变速器总成（121000039AA）1个 变速器总成（121000059AA）1个	 1.0TCI 1.5L 1.5TCI 1.6T

（续）

图片	作业方法	要点与注意事项
 图 2　气动葫芦吊钩挂入吊耳 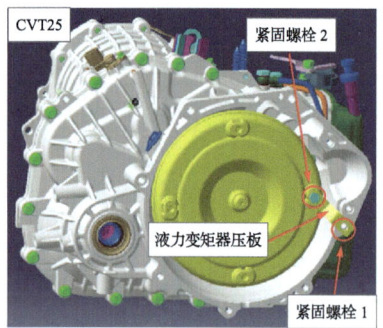 图 3　拆卸液力变矩器压板	二、工具 / 设备选用 气动葫芦 液压脉冲扳手 / 套筒 三、装配 1. 看配置表，确认变速器总成为合格状态 2. CVT 车型吊装前将定位辅具预拧到变速器下端安装孔内，见图 1 3. 将气动葫芦吊钩放入变速器吊耳内，微调变速器上下位置，使变速器安装面与发动机安装面对准，水平推动变速器，使变速器固定孔与发动机固定孔对齐，见图 2 4. 将液力变矩器压板的螺栓用液压脉冲扳手拆卸，取下压板，见图 3 四、质量要求 1. 发动机与变速器合装正确 2. 变速器内禁止产生遗留件	1. 核对发动机、变速器型号与动力总成配置表是否一致 2. 操作气动葫芦开关要点动，升降要缓慢，一手扶吊具、一手控制气动葫芦开关 3. CVT 变速器吊装时需要注意液力变矩器挡板拆掉后液力变矩器不能脱出，若有脱出现象禁止装配 4. 变速器吊装时需确认变速器内有无遗留件

（3）发动机与变速器螺栓装配与紧固

发动机与变速器螺栓装配与紧固的作业方法、要点与注意事项见表 3-1-3。

表 3-1-3　发动机与变速器螺栓装配与紧固的作业方法、要点与注意事项

图片	作业方法	要点与注意事项
图 1　变速器与发动机定位安装	一、零件清单（看配置表取件） 1. 标配 螺栓（FQ1821260TF38K）2 个 螺栓（Q1841245TF61）2 个 螺栓（Q1881050F36）1 个 下封板（123000062AA）1 个 2. 选配 无	CVT CVT/7DCT CVT 1.0TCI

052

（续）

图片	作业方法	要点与注意事项
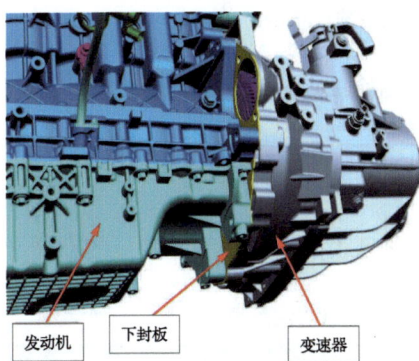 图2 变速器侧孔安装 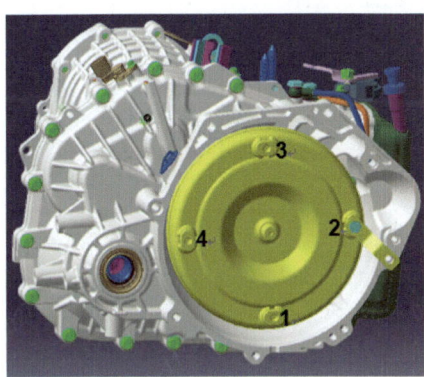 图3 装入下封板 图4 预拧4个螺栓	二、工具/设备选用 液压脉冲扳手/套筒 气动弯角扳手1#/套筒 气动弯角扳手2#/套筒 蓄电池弯角扳手/套筒 三、装配 1.将变速器与发动机定位销孔对正，推动变速器使发动机与变速器充分结合，取1个螺栓（Q184124-5TF61）用液压脉冲扳手从变速器侧面预紧到3#安装孔内，见图1 2.取1个螺栓（Q1841245TF61）从变速器侧面预拧到4#安装孔内，见图1 3.取2个螺栓（FQ1821260TF38K）、1个螺栓（Q1881050F36）从发动机侧面预拧到1#、2#、5#安装孔内，见图2 4.将下封板从发动机与变速器缝隙处塞入，使下封板孔与发动机、变速器孔对齐，见图3 5.将发动机、变速器预拧的螺栓用气动弯角扳手预紧 6.用气动弯角扳手预紧4#螺栓，见图1 7.变速器与发动机合装后，转动曲轴，从发动机油底壳下方U形槽处先依次预拧4个螺栓（FQ151C1011TF36），手拧到位，然后按照1、2、3、4顺序预拧，见图4	$M=(40\pm6)$ N·m $S=16$mm [注：本参数代表拧紧力矩是(40 ± 6)N·m，套筒内径为16mm，后同] $M=(50\pm5)$N·m $S=15$mm/16mm $M=(30\pm3)$N·m $S=15$mm $M=(20\pm2)$N·m $S=13$mm 1. $M=(40\pm6)$N·m 2. 预拧大于1牙 3. $M=(50\pm5)$N·m $S=15$mm 4. $M=(30\pm3)$N·m $S=15$mm 5. 合装过程中需注意液力变矩器拆掉挡板后不能脱出，如有脱出禁止装配

（续）

图片	作业方法	要点与注意事项
 图5 后悬置预拧	8. 将左悬置支架孔与变速器固定孔对正，取螺栓预拧 9. 将发动机转速传感器孔与变速器固定孔对正，取1个螺栓预拧，用电动螺钉旋具紧固 10. 将预拧好的左悬置支架连变速器螺栓，用液压脉冲扳手依次紧固。 11. 将后悬置上体连变速器螺栓进行预紧、复紧 12. 将后悬置上体孔与下体固定孔对正，取1个螺栓预拧，见图5	
	四、质量要求	
	1. 发动机与变速器螺栓预拧正确 2. 下封板固定牢靠 3. 发动机与变速器螺栓固定牢靠，至连接面贴合	

（4）发动机变速器总成吊装

发动机变速器总成吊装的作业方法、要点与注意事项见表3-1-4。

表3-1-4 发动机变速器总成吊装的作业方法、要点与注意事项

图片	作业方法	要点与注意事项
图1 前副车架定位点 图2 气动葫芦吊钩挂入吊耳	一、零件清单（看配置表取件） 1. 标配 增压器支架1个 螺栓（FQ1840820T1F32E）2个 2. 选配 无	

（续）

图片	作业方法	要点与注意事项
	二、工具/设备选用	
	气动葫芦 发动机变速器总成托盘 定值力矩扳手1#/套筒 定值力矩扳手2#/套筒 定值力矩扳手3#/套筒 点漆笔	$M=(50\pm5)$N·m $S=15mm/16mm$ $M=(60\pm5)$N·m $S=16mm$ $M=(80\pm5)$N·m $S=15mm$
	三、装配	
图3 发动机变速器总成放置到支撑杆上 图4 发动机变速器总成定位	1. 运用AGV小车和气动葫芦将前副车架吊装到位，见图1 2. 确认发动机变速器总成为合格状态 3. 将气动葫芦两吊钩卡入发动机两吊耳内，见图2 4. 根据发动机型号在托盘上选择相对应的托盘支撑杆并竖立起来，微调发动机变速器分装总成，放置发动机变速器总成托盘上，使发动机变速器分装总成各点与托盘支撑杆对齐，见图3、图4 5. 将吊钩从发动机吊耳上取下，并移走气动葫芦 6. 将增压器支架孔对准发动机安装孔，取2个螺栓预拧 7. 将发动机变速器预紧螺栓（Q1841245TF61）、（FQ1821260TF38K）用定值力矩扳手3#复紧，并点漆确认 8. 将发动机变速器预紧螺栓（Q1881050F36）用定值力矩扳手1#复紧，并点漆确认	1. 发动机变速器合装牢靠，无松动 2. 吊钩完全卡入吊耳内
	四、质量要求	
	1. 吊装过程中防止发动机磕碰 2. 发动机变速器总成吊装到位	

课后拓展

在车间或实训车间进行动力总成分装训练，提高职业能力。到图书馆、阅览室查阅汽车总装方面的书籍与杂志，上网查阅汽车总装最新动态资讯，观看汽车总装工艺相关视频。查阅相关资料，思考以下问题：

1）当变速器为CVT、DCT、MT时，动力总成的分装有哪些不同？

2）同一条总装线上，只能生产一种车型吗？若是生产多个车型的话，动力总成分装时的何种部件相同。

素养育人

工序守安全，匠心铸辉煌

在汽车总装生产线上，年轻的技师张强以脚踏实地的态度展现出了精益求精的工匠精神。他每天细心检查每一道工序，对每一颗螺钉、每一个零件都严格要求。张强深知，只有精细操作，才能确保车辆的质量与安全。他乐于分享经验，与同事们共同探讨技术难题，共同进步。他的努力不仅提升了生产效率，更赢得了同事们的尊重和赞誉。张强用自己的实际行动诠释了工匠精神的真谛，成为生产线上一道亮丽的风景线。

工作任务二 动力总成附件装配

学习目标

1）培养"爱技、重技、专技、精技"的工匠精神，树立技能报国的爱国情怀。
2）能够正确叙述动力总成附件装配的工艺。
3）能够正确描述动力总成附件的装配方法。
4）熟知动力总成附件装配的安全注意事项。
5）熟练进行动力总成附件的装配操作。

任务导入

动力总成分装线主要装配发动机、变速器、发动机线束、副车架、转向机、起动机、传动轴、悬置、三元催化器及发动机上的一些冷却管路。在进行发动机和变速器这两大动力总成合装后，请你继续进行动力总成其他附件的装配。

知识准备

1. 动力总成附件的定义

汽车动力总成附件包含离合器、差速器、驱动轴等。

2. 动力总成附件的基本构成

（1）驱动轴

汽车驱动轴又称半轴，它将差速器和驱动轮刚性连接在一起，是减速器与传动轮之间传递转矩的轴，其内外端各有一万向节，通过万向节花键与减速器齿轮及轮毂轴承内环连接。驱动轴位于车辆左右驱动轮之间，为左右驱动轮提供动力，电动驱动轴包括电动机和左右转矩联轴器。

（2）差速器

汽车差速器是由左右半轴齿轮、两个行星齿轮及齿轮架组成的一种装置。差速器是为了调整左右轮的转速差而装置的，主要是消除汽车在转弯时左右轮转速不一致而造成的机械干涉现象。如果没有差速器，就会因左右轮转速不一致而导致机械性损坏。

（3）离合器

汽车离合器位于发动机和变速器之间的飞轮壳内，用螺钉将离合器总成固定在飞轮的后平面上，离合器的输出轴就是变速器的输入轴。在汽车行驶过程中，驾驶员可根据需要踩下或松开离合器踏板，使发动机与变速器暂时分离和逐渐接合，以切断或传递发动机向变速器输入的动力。其主要功用是保证汽车平稳起步、便于换档、防止传动系统过载、降低扭振冲击。

任务实施

1. 动力总成附件装配工艺流程

动力总成附件装配的工艺流程如图3-2-1所示。

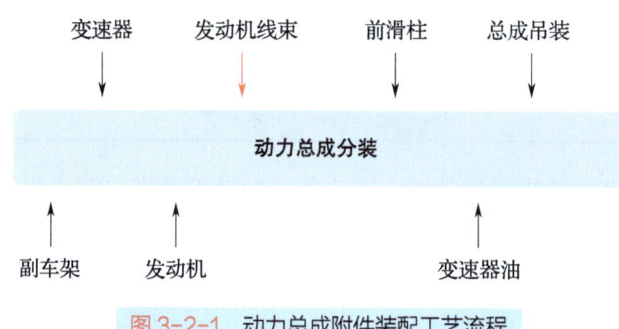

图3-2-1 动力总成附件装配工艺流程

动力总成分装主要是在副车架总成基础上，先将发动机与变速器总成组装，然后再加装发动机线束、起动机、传动轴等。最后将变速器油液加注后，吊装至底盘分装区进行装配。

2. 动力总成附件装配操作

（1）发动机变速器总成线束装配

发动机变速器总成线束装配的作业方法、要点与注意事项见表3-2-1。

发变总成转运及附件装配

表3-2-1 发动机变速器总成线束装配的作业方法、要点与注意事项

图片	作业方法	要点与注意事项
图1 起动机搭铁线束预拧	一、零件清单（看配置表取件） 1. 标配 无 2. 选配 搭铁线束总成1个 螺栓（Q1820812F36）1个 发动机电喷线束1根	
图2 发动机电喷线束走向	二、工具/设备选用 气动葫芦 液压脉冲扳手/套筒	
图3 发动机电喷线束对接	三、装配 1. 看配置表，确认搭铁线束为合格状态 2. 将起动机下端安装孔与变速器对正，再与变速器搭铁线束安装孔对正，取1个螺栓（Q1820812F36）预拧，见图1 3. 展开发动机电喷线束，线束布置走向，见图2 4. 将发动机电喷线束装配到发动机上，固定扎带C1；对接可变正时－排气、前氧传感器、后氧传感器的插接器。见图3	1. 按压卡扣至发动机孔贴合 2. 遵循"一插、二拔、三确认"的线束插接原则

（续）

图片	作业方法	要点与注意事项
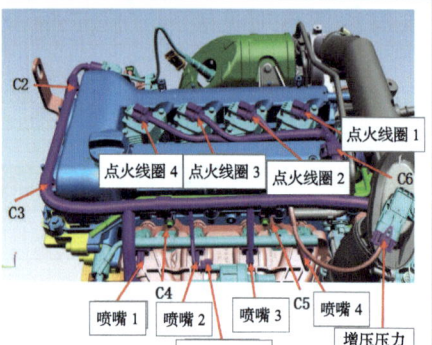 图4 线束支架装配到油轨上	5. 将线束支架装配到油轨上，依次固定扎带C2-C6，其中C6装配在暖风水管上；将对应功能的插接器与功能件对接，见图4 6. 依次固定扎带C8-C9，将可变凸轮正时（进气）、进气压力传感器、发电机信号插接器与功能件对接；固定扎带C10，后将其余对应功能的插接器与功能件对接，见图5 7. 依次固定扎带C11-C15，将电子节气门、凸轮轴传感器（进气）、冷却液温度传感器、凸轮轴传感器（排气）、第三路水温传感器插接器与功能件对接，见图6 8. 将发动机线束插接器与电子水泵插接器对接	
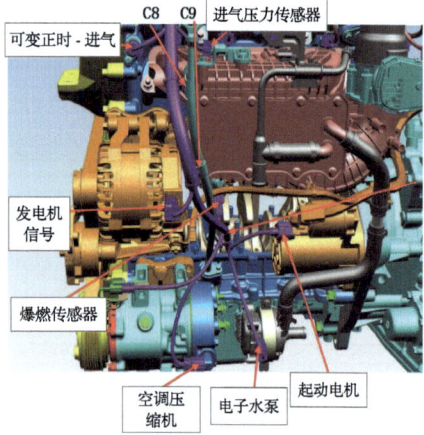 图5 部分插接器与功能件对接	四、质量要求 1. 线束卡子卡接牢靠、不松脱 2. 线束走向正确，无扭曲、打折、缠绕现象	
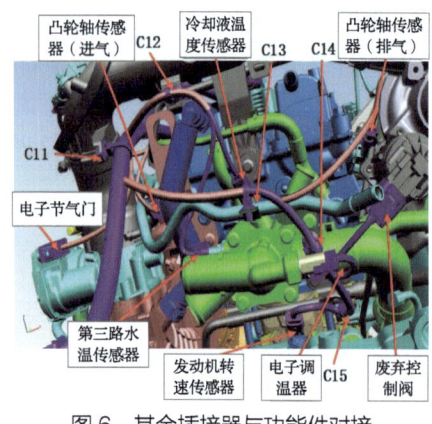 图6 其余插接器与功能件对接		

（2）起动机及各插接器装配

起动机及各插接器装配的作业方法、要点与注意事项见表3-2-2。

表 3-2-2　起动机及各插接器装配的作业方法、要点与注意事项

图片	作业方法	要点与注意事项
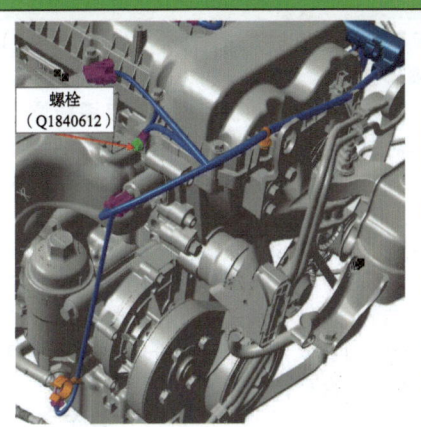 图1　发动机搭铁线束安装  图2　爆燃传感器插接 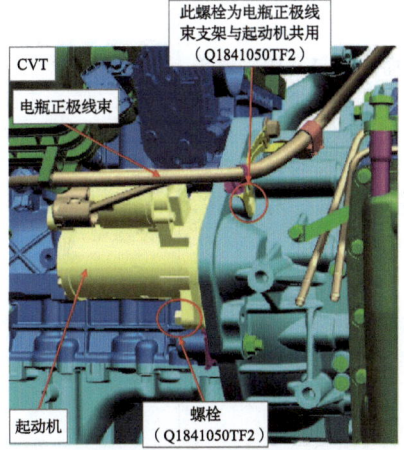 图3　起动机安装预拧	一、零件清单（看配置表取件） 1. 标配 螺栓（Q1840612）1个 六角法兰面螺栓（Q1841050TF2）2个 分装好的暖风机出水管、进水管各1根 分装好的水管-膨胀箱至水泵Ⅲ 1根 挺柱（M11-1031211DC）4个 2. 选配 起动机（E4G16-3708010AB）1个 蓄电池正极线束（806003999AA）1个 二、工具/设备选用 电动螺钉旋具/套筒 点漆笔 气动弯角扳手 三、装配 1. 将发动机线束搭铁孔与发动机孔对正，取1个螺栓预拧，用电动螺钉旋具紧固，紧固后用手晃动是否松动并点漆确认，见图1 2. 将发动机线束插接器与爆燃传感器插接器对接，见图2 3. 将发动机线束插接器与可变进气阀线束、进气压力传感器插接 4. 将起动机固定孔与变速器固定孔对正，且上端固定孔与蓄电池正极线束支架孔对正，取2个螺栓预拧，见图3 5. 将发动机线束插件与凸轮轴位置传感器插接器（进气）、电子节气门插接器、可变正时线束（进气）对接 6. 将发动机线束插接器对接 7. 用气动弯角扳手将预拧后的双头螺柱进行紧固，见图4 8. 将发动机线束插接器与起动机线束插接器对接，并点漆确认 9. 将发动机线束插接器与机油压力传感器插接器对接	看配置表装车 CVT $M=(9±1.5)$ N·m $S=8$mm $M=(20±2)$ N·m 1. $M=(9±1.5)$ N·m 2. 搭铁端子热缩管鼓出端朝外，搭铁朝向垂直向上 3. 遵循"一插、二拔、三确认"的线束插接原则 4. 螺栓预拧大于1牙 5. CVT车型检查起动机内缸套有无缺失 6. $M=(20±2)$ N·m

（续）

图片	作业方法	要点与注意事项
 图4　双头螺柱紧固 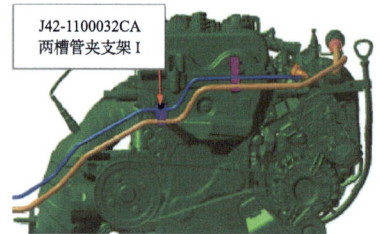 图5　两槽管夹支架紧固 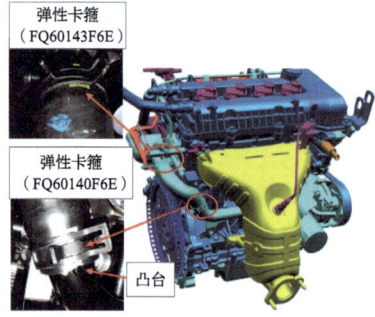 图6　小循环水管固定 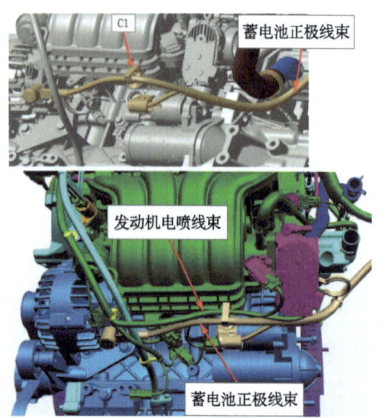 图7　电瓶正极线束安装	10. 用气动弯角扳手将起动机与变速器连接螺栓紧固并点漆确认 11. 将两槽管夹支架安装孔与发动机紧固孔对正，取2个螺栓用电动螺钉旋具紧固，见图5 12. 暖风机出水管、进水管连发动机端 13. 水管-膨胀箱至水泵Ⅲ与发动机硬管连接 14. 将小循环水管黄色"T"字端卡到发动机节温器端凸台处，白色"T"字端卡到发动机冷却水管端凸台处，并用卡箍钳将卡箍固定，见图6 15. 将发动机电喷线束自带的管夹，卡接到小循环水管上 16. 将进水管支架安装孔与变速器安装孔对正，并取螺栓预拧及紧固 17. 将发动机线束插接器与炭罐电磁阀插接器对接 18. 将蓄电池正极线束随起动机装配到发动机上，固定管夹C1；打开C1管夹，将发动机电喷线束卡到管夹上方，蓄电池正极线束卡到管夹下方，最后将管夹卡到位，见图7 19. 将发动机线束插接器与水温传感器插接器对接 20. 打开蓄电池正极线束端护盖，将正极线束端固定孔卡入起动机的螺柱上，取1个螺母用手预拧，并用电动弯角扳手紧固并点漆；将正极线束固定端护盖固定在螺母上 21. 将发动机线束插接器与凸轮轴位置传感器插接器（排气）、可变正时线束（排气）、发动机转速传感器对接 22. 将发动机装饰罩的固定挺柱分别拧入发动机相应的安装孔内，预拧大于1牙，见图8	7. $M=(45\pm5)$ N·m 8. 点漆线位于螺栓紧固结合面处 9. $M=(9\pm1.5)$ N·m 10. 装配时可在水管管口涂抹少量的防冻液润滑 11. 装配前拆下水管堵盖 12. 卡箍卡在"T"字标识线内对正凸台，卡箍离软管口3~5mm，开口朝向凸台方向 13. 小循环水管白色"T"字端端面与凸台贴合，水管不得压过凸台 14. 注意发动机电喷线束在机油标尺外侧，电瓶正极线束在机油标尺内侧 15. 遵循"一插、二拔、三确认"的线束插接原则

（续）

图片	作业方法	要点与注意事项
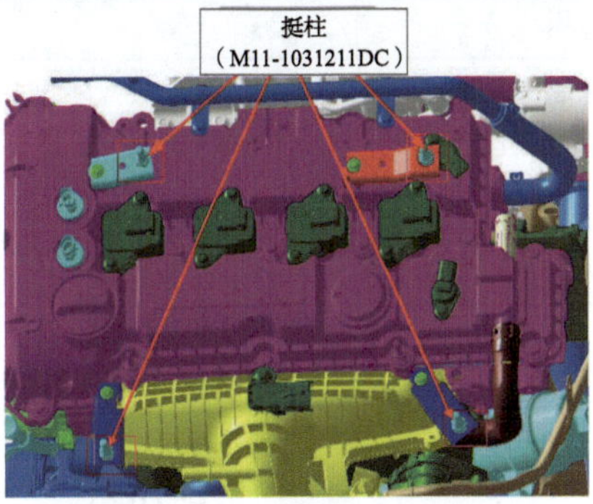 挺柱（M11-1031211DC） 图8　发动机装饰罩固定挺柱预拧	四、质量要求 1. 发动机线束搭铁力矩紧固到位且朝向正确 2. 爆燃传感器、可变进气阀线束、进气压力传感器、机油压力传感器等插接牢靠，无虚插、漏插 3. 起动机固定牢靠至连接面贴合 4. 点漆符合规范 5. 小循环水管固定牢靠，且与变速器壳体最小间隙≥3mm 6. 正极线束护盖密封性完好、固定牢靠	

（3）发动机各管路附件装配

发动机各管路附件装配的作业方法、要点与注意事项见表3-2-3。

表3-2-3　发动机各管路附件装配的作业方法、要点与注意事项

图片	作业方法	要点与注意事项
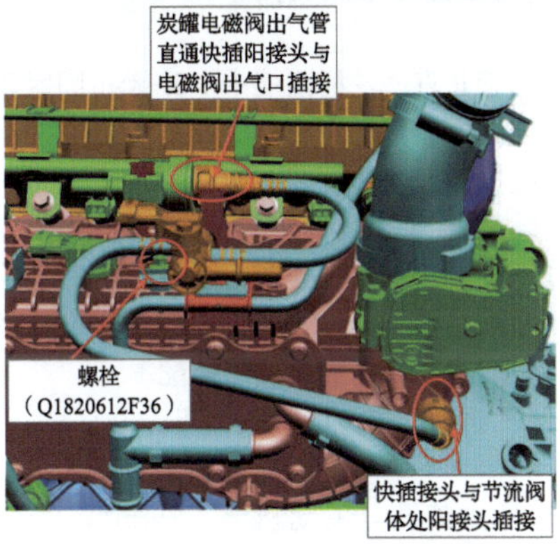 图1　电磁阀出气管安装紧固 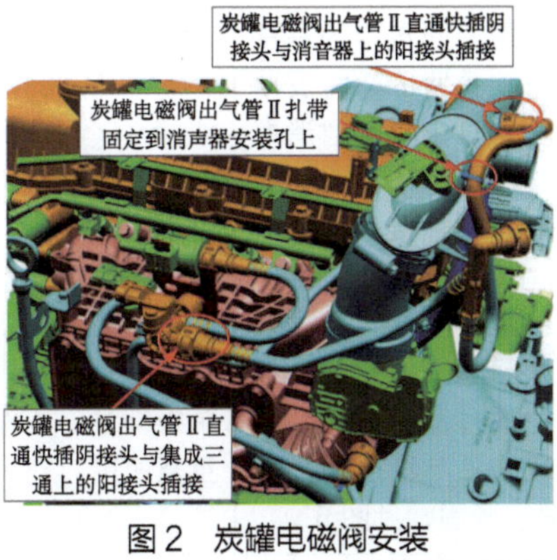 图2　炭罐电磁阀安装	一、零件清单（看配置表取件） 1. 标配 螺栓（Q1820612F36）1个 炭罐电磁阀出气管Ⅱ（T15-1208032）1个 炭罐电磁阀出气管Ⅱ（155000848AA）2个 螺栓（Q1840630F36）1个 消声器-增压器（E4T15C-1118091）1个 154000195AA 左前驱动轴总成 1个 154000196AA 右前驱动轴总成 1个 分装好的发动机出水管 1根 增压器隔热罩 1个 2. 选配 炭罐电磁阀出气管（J60-1208031AD）1个 炭罐电磁阀出气管（155000644AA）1个	看配置表装配 1.5T

063

（续）

图片	作业方法	要点与注意事项
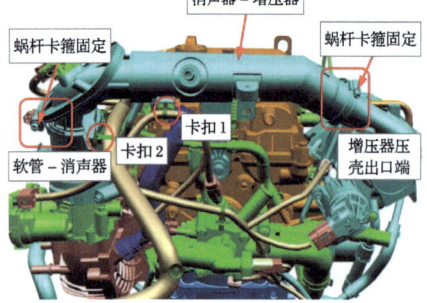 图3 消声器-增压器安装  图4 卡扣固定 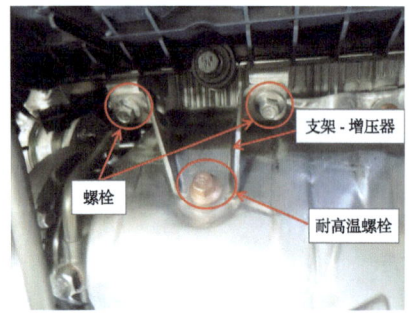 图5 预催化器总成装配  图6 增压器支架紧固	二、工具/设备选用 电动螺钉旋具/套筒 三、装配 1. 看配置表，确认电磁阀出气管为合格状态 2. 将电磁阀出气管三通阀孔与发动机支架孔对正，取1个螺栓用电动螺钉旋具紧固，见图1 3. 将电磁阀出气管直通插接器与电磁阀出气口相连，弯角插接器与节流阀阳接头插接，见图1 4. 将炭罐电磁阀出气管Ⅱ直通快插阴接头与集成三通上的阳接头插接，直角阴接头与消声器上的阳接头插接，再将管路上的扎带卡在消声器安装孔上，见图2 5. 将消声器-增压器套在增压器压壳的出口端（不要套到底），将消声器-增压器支架旋转至合适的安装位置，然后消声器-增压器出气端伸入软管-消声器，见图3 6. 将消声器-增压器支架孔与发动机缸盖安装孔对正，取1个螺栓用电动螺钉旋具紧固，见图3 7. 将消声器-增压器两端自带的蜗杆卡箍分别用电动螺钉旋具紧固，将发动机电喷线束卡扣1、卡扣2固定到消声器-增压器支架孔内，见图4 8. 将软管-进气软管快插接头插入气门室罩盖接头上 9. 预催化器总成装配。将双头螺柱带螺牙一端拧入预催化器总成螺纹孔内并紧固；在增压器法兰螺柱上卡入1个垫片，将预催化器进气法兰与增压器出气法兰对正卡入并预紧、紧固，见图5	$M=(7\pm1)$ N·m $S=8$mm $M=(9\pm1.5)$ N·m $S=8$mm $M=(5\pm1)$ N·m $S=7$mm 1. $M=(7\pm1)$ N·m 2. 插接时有声音，管口间隙小于2mm 3. 卡扣固定牢靠，无脱落 4. 消声器-增压器难装时可用橡胶锤轻敲辅助装配 5. $M=(9\pm1.5)$ N·m $S=8$mm 6. $M=(5\pm1)$ N·m 7. 该处螺母每次拆装后，均需更换新的，不能重复使用

（续）

图片	作业方法	要点与注意事项
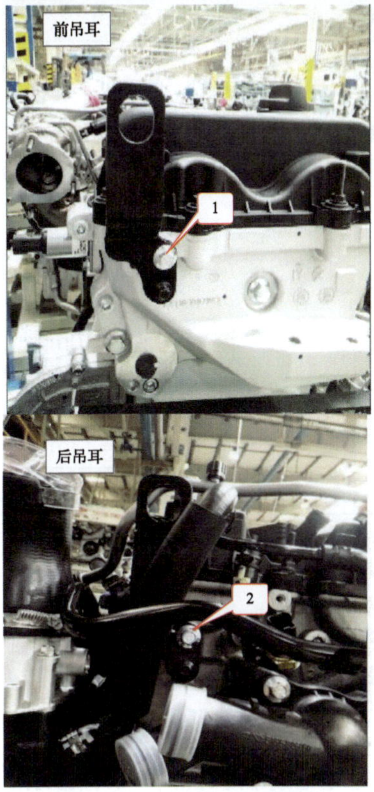 前吊耳 （图中标注1）	10. 增压器支架紧固。将螺栓穿过支架和隔热罩预拧到预催化器上；先紧固支架－增压器与隔热罩共用耐高温螺栓，再紧固支架－增压器与发动机缸体连接螺栓，紧固到自动断气，见图6 11. 将发动机出水管两端用卡箍钳预装后，接到出水口至底部贴合，用卡箍钳将预装好的卡箍卡紧并点漆确认 12. 将增压器隔热罩对准发动机螺纹孔，用螺栓预拧并紧固 13. 取气动弯角扳手将发动机前、后侧吊耳螺栓拆下，见图7	8. 装配时可在水管管口涂抹少量的防冻液润滑 9. 拆下吊耳及固定螺栓分开回收至料盒
后吊耳 （图中标注2） 图7 拆下发动机吊耳螺栓	四、质量要求 1. 炭罐电磁阀出气管固定牢靠 2. 消声器－增压器支架螺栓紧固到力矩 3. 隔热罩固定牢靠 4. 发动机吊耳要垂直拆卸	

（4）变速器各附件装配

变速器各附件装配的作业方法、要点与注意事项见表3-2-4。

表3-2-4 变速器各附件装配的作业方法、要点与注意事项

图片	作业方法	要点与注意事项
CVT 螺栓（Q1820812F36） 图1 变速器搭铁线束紧固	一、零件清单（看配置表取件） 1. 标配 前连接杆总成 2个 锁紧螺母（Q33910T13F36）2个 油封护套（1046473）2个 2. 选配 螺栓（Q1820812F36）1个 左传动轴总成（154000344AA）1个 右传动轴总成（154000345AA）1个	7DCT/CVT

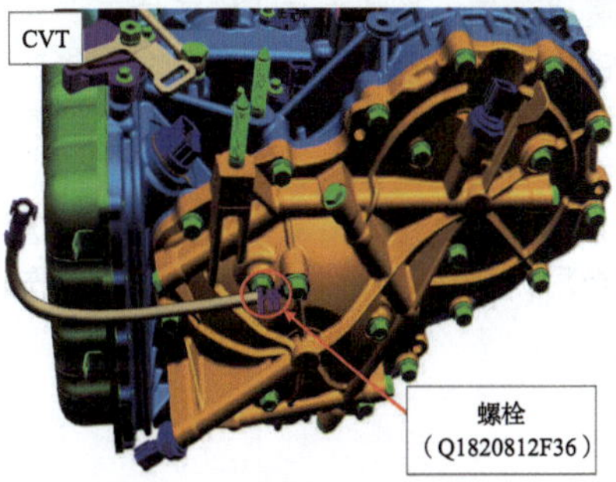

（续）

图片	作业方法	要点与注意事项
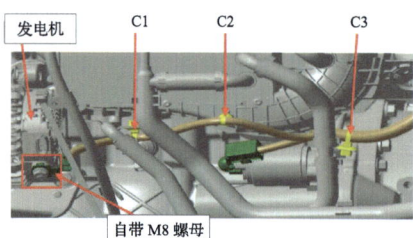 图2　前连接杆总成预拧	二、工具/设备选用 气动弯角扳手2#/套筒 电动螺钉旋具/套筒 气动弯角扳手1#/套筒 蓄电池弯角扳手/套筒 点漆笔 传动轴辅具1个	M=（45±5）N·m S=13mm M=（9±1.5）N·m S=8mm M=（20±3）N·m S=10mm M=（13±2）N·m S=13mm
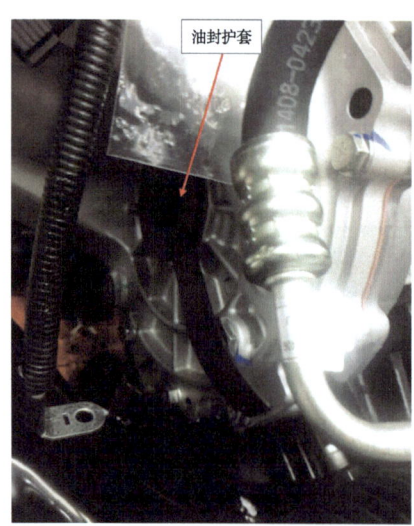 图3　卡接卡扣 图4　油封护套安装	三、装配 1. 将预拧后的变速器搭铁线束用气动弯角扳手1#紧固，紧固后用手晃动是否松动并点漆确认，见图1 2. 将左右前连接杆总成对准前稳定杆两端卡入，取锁紧螺母垂直预拧3~5牙，见图2 3. 将C1、C2、C3处的卡子分别卡接到对应的卡扣上，将蓄电池线束随起动机装配到发动机上，拆下发电机自带M8螺母，将正极线束安装在发电机桩头上并用自带M8螺母预拧大于1牙，再取蓄电池弯角扳手紧固并点漆确认，见图3 4. 将蓄电池线束黑色护套固定到发电机桩头上 5. 先将变速器左右两侧堵盖拔下，取2个油封护套，安装到变速器传动轴安装孔内，见图4 6. 将传动轴与变速器连接。先将左传动轴总成内球笼花键轴对中缓慢插入变速器输出端内，卡环落入变速器左输出端卡槽内后，待推动传动轴装配时，将传动轴油封保护套拆下，并导入传动轴，当听到"嗒"一声后，表示装配到位，见图5	1. M=（20±3）N·m 2. CVT搭铁朝向：水平向前 3. 紧固力矩：M=（13±2）N·m 4. 点漆线位于螺栓与桩头接触面 5. 油封护套循环使用，若有破损不得使用，更换新护套 6. 左右传动轴装配时必须使用油封保护套，插入或拔出差速器时，不能损伤差速器油封

（续）

图片	作业方法	要点与注意事项
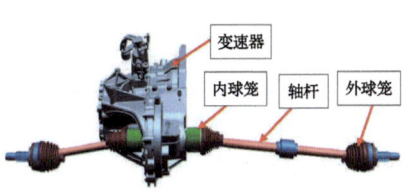 图5 左传动轴与变速器连接 图6 右传动轴与变速器连接	7. 转动发动机托盘，将右传动轴内球笼花键轴对中缓慢插入变速器输出端内，卡环落入变速器左输出端卡槽内后，待推动传动轴装配时，将传动轴油封保护套拆下，并导入传动轴，当听到"嗒"一声后，表示装配到位，见图6。若遇传动轴难装时，可使用传动轴安装辅具配合使用 8. 待传动轴导入变速器内后，取下油封护套，放回到料盒内 9. 将左侧前连接杆与稳定杆连接螺母紧固并点漆	7. 检验卡环挡圈是否装配到位，手握内球笼壳体，水平向外拉，如拉不出即装配到位 8. 油封护套每日班后使用肥皂水清洗
	四、质量要求	
	1. 变速器搭铁线束固定牢靠 2. 发电机正极线束固定牢靠与卡接面贴合 3. 传动轴与变速器连接时，卡环挡圈装配到位	

（5）变速器油加注

变速器油加注的作业方法、要点与注意事项见表3-2-5。

表3-2-5 变速器油加注的作业方法、要点与注意事项

图片	作业方法	要点与注意事项
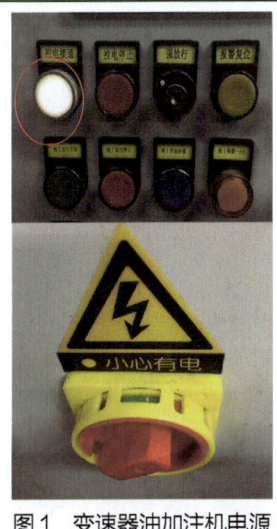 图1 变速器油加注机电源	一、零件清单（看配置表取件） 1. 标配 无 2. 选配 CVT18/25 变速器油（123000024AA） 加注量：（5.5±0.1）L 二、工具/设备选用 变速器油加注机 气动弯角扳手/套筒	变速器油型号（SL2100/WCF-1） $M=(39±11)$ N·m $S=24$mm

（续）

图片	作业方法	要点与注意事项
 图2 变速器油加注枪  图3 "绿色"加注按钮  图4 加注枪按钮	三、加注 1. 打开设备总电源，按"控电接通"按钮启动设备，见图1 2. 拔下机油标尺 3. 扫描变速器条码，选择对应的变速器油加注枪头，放入变速器加注孔内，见图2 4. 按下加注设备上"枪Ⅴ加注开始"按钮或加注枪上"绿色"按钮进行加注，见图3、图4 5. 加注完后，取出加注枪放回加注设备上 6. 最后再安装机油标尺，在标尺与加油口接触面点漆确认，见图5 7. 待放行灯亮后，按下放行按钮，放走托盘	1.CVT加注量：(5.5±0.1)L 2. 注意检查变速器油加注口处是否有油品外溢，如有须及时清除 3. 托盘放行开关钥匙禁止放置在放行开关上，由区域工艺员保管
	四、质量要求	
	变速器油加注正确	

（续）

图片	作业方法	要点与注意事项
图5　机油标尺安装		

课后拓展

在车间或实训车间进行动力总成附件装配训练，提高职业能力；到图书馆、阅览室查阅汽车总装方面的书籍与杂志，上网查阅汽车总装最新动态资讯，观看汽车总装工艺相关视频。查阅相关资料，思考以下问题：

1）总结动力总成附件装配流程图。

2）总结汽车动力总成分装中各种螺栓预紧、紧固、复紧的力矩要求。

素养育人

工艺铸品质，匠心赢尊重

在发动机变速器总成装配线上，李明以脚踏实地的态度，展现出精益求精的工匠精神。他不惧困难，勇于挑战，每一次发动机变速器吊装操作都力求完美；他细心观察生产线上的每一个细节，不放过任何可能影响质量的隐患；他乐于分享，经常与同事们交流心得，共同提升技艺。正是这种严谨与执着，使他在总装生产线上脱颖而出，成为众人学习的榜样。李明的工匠精神及对同事们的影响，不仅提升了生产线的效率和质量，更传递出一种对工作敬业、对技艺追求卓越的信念。

工作任务三 前副车架与动力总成合装

学习目标

1）培养"爱技、重技、专技、精技"的工匠精神，树立技能报国的爱国情怀。
2）能够正确叙述前副车架与动力总成合装的工艺。
3）能够正确描述前副车架与动力总成合装的装配方法。
4）熟知前副车架与动力总成合装的安全注意事项。
5）熟练进行前副车架与动力总成的合装操作。

任务导入

动力总成分装线上，在进行发动机和变速器这两大动力总成合装后，继续进行动力总成其他附件的装配。请你在动力总成分装结束后，将动力总成与前副车架进行合装。

知识准备

1. 副车架的定义

汽车的副车架就是车桥、车轴和差速器等底盘构件的支架，形成一个车桥总成，通过它再与汽车主车架进行刚性或柔性（橡胶或液压衬垫）连接。副车架一般由本体、横向稳定杆和控制臂共同组成，一方面它可以承受发动机的振动载荷，另一方面它可以承受路面情况所带来的各种冲击，提高汽车悬架系统的连接刚度。前副车架可以看成是前车桥的骨架，是前车桥的组成部分。

2. 副车架的作用和原理

副车架可以减弱路面振动给车身带来的冲击，提高悬架系统的连接刚度，提高汽车行驶过程中的舒适性和稳定性，使底盘的行驶表现更扎实紧凑。汽车行驶在各种路面时，悬架系统会对车身造成各种冲击，时间久了就会因受力不均带来各种形变，但在副车架的作用下，就可以代替车身承受如受载弯曲、非水平扭动、横向弯曲和水平菱形扭动等车架变形情况，提升车身抗扭能力，在发生碰撞时更会直接受力，从而提高整车碰撞安全性能。此外，通过副车架还能降低发动机和路面振动所带来的噪声，提高乘员舱内静音水平。

任务实施

1. 前副车架与动力总成合装工艺流程

动力总成装配的工艺流程如图3-3-1所示。

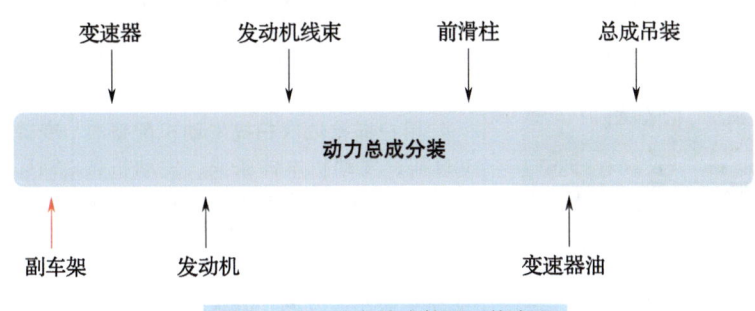

图3-3-1 动力总成装配工艺流程

动力总成分装主要是在副车架总成基础上，先将发动机与变速器总成组装，然后再加装发动机线束、起动机、传动轴等。最后将变速器油液加注后，吊装至底盘分装区进行装配。

自动导引小车（Automatic Guided Vehicle，AGV）用于汽车动力总成、后轴总成上线，能够与车身同步移动，大大降低了劳动强度，提高装配效率。

2. 前副车架与动力总成合装操作

（1）前副车架吊装

前副车架吊装的作业方法、要点与注意事项见表3-3-1。

表 3-3-1　前副车架吊装的作业方法、要点与注意事项

图片	作业方法	要点与注意事项
 图1　吊块安装 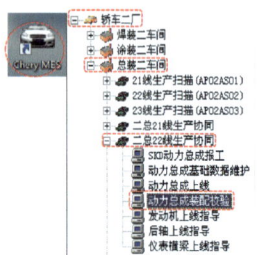 图2　奇瑞生产管理系统  图3　前副车架总成与托盘吊装  图4　定位销对正	一、零件清单（看配置表取件） 1. 标配 凡士林适量 2. 选配 吊块2个 二、工具/设备选用 扫描枪 AGV小车/气动葫芦 电动葫芦/吊具 三、装配 1. 确认各装配部件为合格状态 2. 将吊块2涂抹适量的凡士林，再固定到排气前管与前副车架对应的吊耳上，见图1 3. 动力总成装配校验。打开计算机主界面，进入"Chery MES"奇瑞生产管理系统，按图2所示在目录树中依次单击"轿车二厂→总装二车间→二总22线生产协同→动力总成装配校验"内容 4. 用扫描枪依次扫描发动机配置表VIN码、发动机本体条码、发动机条码袋内条码、变速器本体条码、变速器条码袋内条码，再单击"校验绑定" 5. 前副车架总成与托盘吊装。缓慢点动平衡吊"升降"开关，将前副车架及托盘吊装到动力总成分装线，并按"下降"按钮，见图3 6. 将托盘上的安装孔与分装线上的托盘台架的定位销对正，使托盘平稳放置在台架上，按"放行"按钮，见图4 7. 将吊钩从吊耳内取下，气动葫芦移走 8. 动力总成吊装到AGV小车。将电动葫芦4个吊钩卡入动力总成托盘吊耳内，微调动力总成，放置AGV小车上，使动力总成托盘前、后安装孔与AGV小车定位销对正，见图5	1. 吊块完全卡入吊耳至底部 2. 前管吊耳卡到吊块下方孔，前副车架吊耳卡到吊块上方孔 3. 核对发动机条形码、钢印号、拓号三者是否一致，变速器的条形码和钢印号是否一致；同个条码严禁扫描两次 4. 吊装过程要求：稳、准、慢 5. 吊装、放置动力总成时要缓慢，注意不要碰伤零部件外观，同时使动力总成保持平衡

项目三 动力总成与底盘装配

（续）

图片	作业方法	要点与注意事项
图5 动力总成吊装	9.将吊钩从动力总成托盘吊耳上取下，并移走电动葫芦，按下AGV小车和托盘的"放行"按钮	6.AGV小车定位销完全穿过动力总成托盘安装孔
	四、质量要求 1.将发动机号、变速器号绑定成功 2.前副车架吊装正确 3.吊装过程中防止发动机磕碰 4.动力总成需放置平稳，歪斜会导致无法与车身连接、滑落	

（2）滑柱装配

滑柱装配的作业方法、要点与注意事项见表3-3-2。

滑柱总成吊装

表3-3-2 滑柱装配的作业方法、要点与注意事项

图片	作业方法	要点与注意事项
图1 前滑柱吊装 （电动葫芦挂钩挂在弹簧上）	**一、零件清单（看配置表取件）** 1.标配 螺母（Q33114T13F36K）2个 垫片（B11-2203207）2个 螺母（FQ33A24T12F36）2个 六角锁紧螺母（FQ32912F36K）2个 锁紧螺母（Q33910T13F36）2个 2.选配 无	

073

（续）

图片	作业方法	要点与注意事项
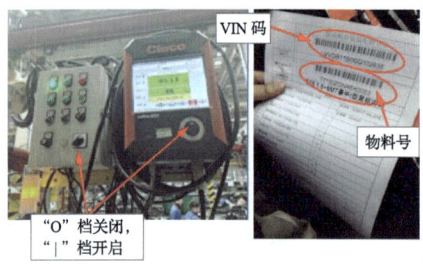 图2　前滑柱套入控制臂球头  图3　扫描枪扫描  图4　转向节与控制臂螺母预拧	二、工具/设备选用	
	电动葫芦 电动拧紧机 气动弯角扳手/套筒 定值力矩扳手/套筒 点漆笔	$M=(95\pm10)$ N·m $S=22$mm $M=(75\pm10)$ N·m $S=22$mm $M=(95\pm10)$ N·m $S=22$mm
	三、装配	
	1. 左侧前滑柱吊装。将电动葫芦上的挂钩挂在转运器具上的前滑柱弹簧上，操作电动葫芦将前滑柱上的制动器转向节安装孔套入左前控制臂球头上，见图1、图2 2. 移除电动葫芦挂钩 3. 用同样的方法将右侧前滑柱吊装 4. 打开电源，开启设备，开机后，取扫描枪依次扫描配置表上的物料号与VIN码，见图3 5. 将左、右制动器转向节与控制臂球头销杆连接，取2个螺母预拧；再取拧紧枪依次紧固左、右侧球头销螺母并点漆，见图4 6. 驱动螺母预拧。将前滑柱上的制动器固定孔套入左、右传动轴螺柱上，各取1个垫片、1个螺母预拧在左侧、右侧传动轴上 7. 将转向横拉杆两侧与转向节对准连接，取螺母预拧3~5牙，见图5 8. 将左、右前连接杆螺柱插入滑柱支架孔内，取螺母预拧3~5牙，见图6 9. 发动机装饰罩固定挺柱紧固 10. 取扫描枪扫描配置表VIN码和物料号，取拧紧枪将左、右连接杆与前滑柱连接螺母拧紧 11. 将后氧传感器预拧到前管/主催化器安装孔内，用开口定值力矩扳手紧固并点漆确认	1. 确认挂钩完全钩入前滑柱螺旋弹簧内，待稳定后缓慢将前滑柱往器具外沿拉伸吊起 2. "O"档关闭，"｜"档开启 3. 螺母预拧前检查球头销有无错装，螺母预拧大于1牙 4. $M=(95\pm10)$ N·m 5. 点漆线位于螺母与螺柱接触面 6. 固定挺柱紧固力矩：$M=(9\pm1.5)$ N·m。 7. 紧固力矩：$M=(60\pm6)$ N·m 8. 点漆线位于后氧传感器与前管接触面 9. 遵循"一插、二拔、三确认"的插接原则

图片	作业方法	要点与注意事项
图5 转向横拉杆与转向节装配	12. 将后氧传感器插接器与发动机电喷线束插接器对接 13. 在排气前管和预催化器之间垫1个密封垫片,将排气前管套入预催化器螺柱内,取2个螺母先预拧,再紧固 14. 将隔热罩固定孔对准预催化器固定孔,取3个螺栓用气动弯角扳手依次紧固 15. 取电动拧紧机将左、右转向横拉杆与转向节连接螺母紧固并点漆确认 16. 用拧紧机将驱动螺母进行紧固 17. 将氧传感器支架紧固到发动机缸体上,再将发动机电喷线束与前氧传感器插接器对接,最后固定在氧传感器支架圆形孔上 18. 将发动机电喷线束自带的管夹固定到暖风机进水管上	10. 注意发动机电喷线束走向
图6 前连接杆安装	四、质量要求 1. 前滑柱吊装正确 2. 制动器转向节与控制臂螺母紧固到规定力矩 3. 点漆符合规范 4. 螺母预拧后不松脱 5. 排气前管固定牢靠	

(3)其他附件装配

其他附件装配的作业方法、要点与注意事项见表3-3-3。

表 3-3-3　其他附件装配的作业方法、要点与注意事项

图片	作业方法	要点与注意事项
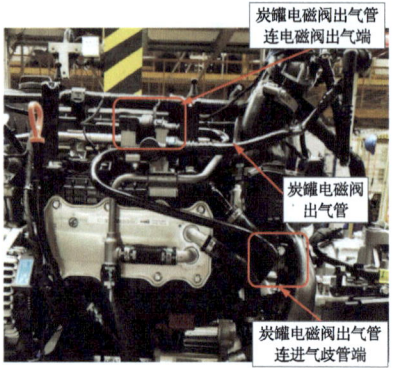 图1　炭罐电磁阀紧固 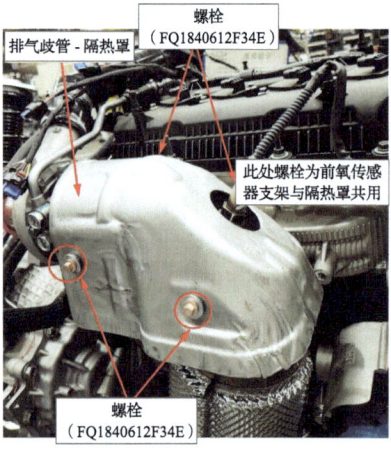 图2　排气歧管-隔热罩紧固 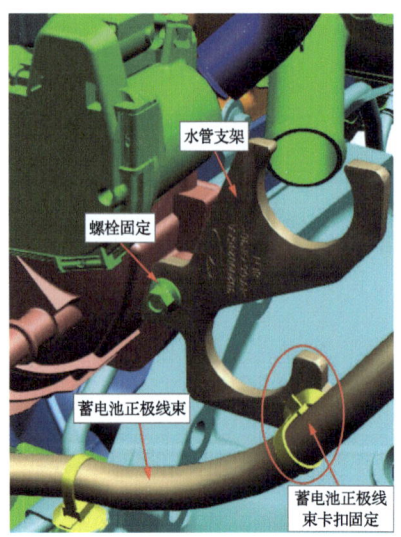 图3　水管支架紧固	一、零件清单（看配置表取件） 1. 标配 小循环水管 1 个 暖风机出水管 1 个 暖风机进水管 1 个 水管 – 膨胀箱至水泵 1 个 弹性卡箍 8 个 炭罐电磁阀出气管 1 个 排气歧管 – 隔热罩 1 个 螺栓（FQ1840612F34E）4 个 水管支架 1 个 螺栓（Q1831225TF61K）1 个 前氧传感器 1 个 低温散热器进水管 1 个 低温散热器出水管 1 个 弹性环箍 5 个 增压压力传感器 1 个 消声器 – 增压器 1 个 2. 选配 无	
	二、工具/设备选用 卡箍钳 气动弯角扳手/套筒 电动拧紧机 开口定值力矩扳手/套筒 点漆笔	$M=(9±1.5)$ N·m $S=8$mm $M=(45±5)$ N·m $S=22$mm
	三、装配 1. 用卡箍钳将弹性环箍预装在小循环水管、暖风机出水管、暖风机进水管、水管 – 膨胀箱至水泵管路上 2. 将炭罐电磁阀出气管直角快插阴接头（尼龙管直线短的一端）与电磁阀出气端相连并点漆确认，另一端直角快插阴接头（尼龙管直线长的一端）与进气歧管对应的阳接头相连，见图1 3. 将排气歧管 – 隔热罩孔与排气歧管安装孔对正，取4个螺栓用气动弯角扳手依次紧固，见图2	1. 遵循"一插、二拔、三确认"的插接原则 2. 紧固力矩： $M=(9±1.5)$N·m

（续）

图片	作业方法	要点与注意事项
 图4　前氧传感器紧固	4. 将水管支架孔与发动机孔对正，取1个螺栓用电动螺钉旋具紧固，将蓄电池正极线束支架卡扣固定到水管支架孔内，见图3 5. 将前氧传感器预拧到预催化器安装孔内至拧不动，用开口定值力矩扳手紧固并点漆，见图4 6. 低温散热器进水管、出水管各端口分别用卡箍钳预装1个卡箍 7. 增压压力传感器与消声器进行分装，用螺栓紧固 8. 将起动机与变速器连接螺栓紧固，复紧到规定力矩，并点漆确认 9. 将暖风机出水管、进水管"工"字端卡到暖风出水口凸台至贴合，用卡箍钳将卡箍夹紧并点漆，见图5	3. 按压卡扣至安装孔接触面贴合 4. 若氧传感器跌落禁止使用 5. $M=(45\pm5)$ N·m 6. 紧固力矩 $M=(9\pm1.5)$ N·m 7. 紧固力矩 $M=(45\pm5)$ N·m 8. 工字标识线与凸台对正；点漆线位于卡箍与水管接触面
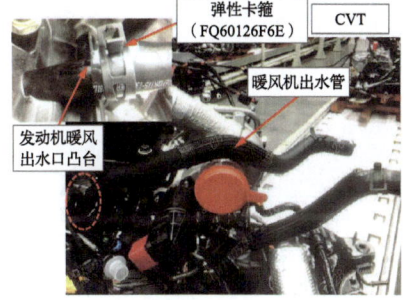 图5　暖风机进、出水管紧固	四、质量要求 1. 弹性卡箍分装正确，不脱落 2. 炭罐电磁阀出气管插接牢靠，无虚插漏插 3. 排气歧管-隔热罩固定牢靠 4. 水管支架固定牢靠 5. 前氧传感器紧固到标准力矩 6. 弹性卡箍分装正确，不脱落，卡箍在"工"字和"± "字标识内	

课后拓展

在车间或实训车间进行前副车架与动力总成合装训练，提高职业能力；到图书馆、阅览室查阅汽车总装方面的书籍与杂志，上网查阅汽车总装最新动态资讯，观看汽车总装工艺相关视频。查阅相关资料，思考以下问题：

1）总结前副车架与动力总成合装的装配流程图。
2）提炼前副车架与动力总成合装中的技术要点。

素养育人

匠心雕琢动力，精工成就卓越

在动力总成装配线上，技师胡伟以脚踏实地的工匠精神赢得了赞誉。他虽学历不高，但对每一道工序都精益求精，将每一辆车的组装都视作艺术品来打造。无论是微小的螺钉还是复杂的系统，他都严格把控，确保质量无懈可击。他乐于分享经验，常帮助同事解决难题，提升整体效率。在胡伟的带领下，生产线上的车辆质量稳步上升，他也因此成为公司的楷模。胡伟收获的不仅是荣誉，更是对工匠精神的践行，他的故事激励着更多人追求精益求精的工匠精神。

工作任务四 后桥分装

学习目标

1）培养"爱技、重技、专技、精技"的工匠精神，树立技能报国的爱国情怀。
2）能够正确叙述后桥分装的工艺。
3）能够正确描述后桥分装的装配方法。
4）熟知后桥分装的安全注意事项。
5）熟练进行后桥分装操作。

任务导入

动力总成与前副车架进行合装后，会输送到底盘装配线。请你进行后桥分装和底盘其他部分的装配。

知识准备

1. 后桥定义

后桥是指车辆动力传递的后驱动轴组成部分。它由两个半桥组成，包括驱动轴、传动齿轮等，可实施半桥差速运动。同时，它也是用来支撑车轮和连接后车轮的装置。如果是前桥驱动的车辆，那么后桥就仅仅是随动桥而已，只起到承载的作用。如果前桥不是驱动桥，那么后桥就是驱动桥，这时候除了承载作用外还起到驱动、减速和差速的作用；如果是四轮驱动的，一般在后桥前面还配有一个分动器。

2. 后桥分类

根据后桥的悬架不同，分为整体式和断开式。整体式后桥配非独立悬架，如板簧悬架；断开式后桥配独立悬架，如麦弗逊式悬架。

任务实施

1. 装配工艺流程

底盘生产线装配的工艺流程如图3-4-1所示。

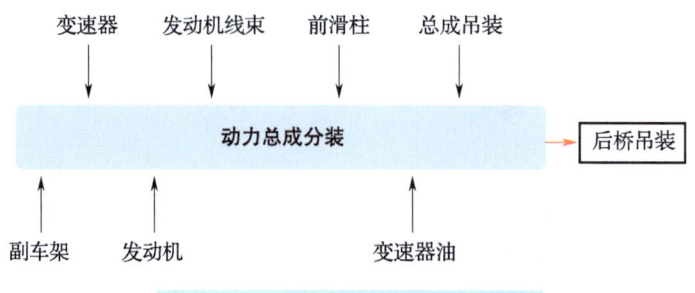

图 3-4-1 底盘生产线装配工艺流程

对于轿车而言,"底盘"缺少一个清晰的概念,它只是汽车总装生产的一个模块化装配单元。由于汽车结构上的差异,底盘装配模块的组成往往各不相同。不同厂家不同车型的底盘装配模块不同,有的底盘装配模块包括发动机与动力传动系统、前桥、前悬架等部分;有的底盘装配模块所包括的总成部件更多,除前面所说的总成部件外,还包括后桥和后悬架;有的底盘装配模块在前面的基础上进一步把前横梁、灯板梁、护风罩、发动机冷却风扇等总成部件组合在一起,构成一个更大的底盘装配模块。

2. 后桥分装操作

（1）后轴吊装

后轴吊装的作业方法、要点与注意事项见表3-4-1。

后轴吊装

表 3-4-1 后轴吊装的作业方法、要点与注意事项

图片	作业方法	要点与注意事项
图1 后轴吊起	一、零件清单（看配置表取件） 1. 标配 无 2. 选配 后轴总成1个 二、工具/设备选用 AGV小车 气动平衡吊 气动葫芦	
图2 后轴定位支点		

（续）

图片	作业方法	要点与注意事项
 图3　后轴平稳落下 图4　AGV小车"运行"按钮	三、装配 1. 确认吊装的后副车架型号与车型匹配 2. 待AGV小车运行至起始点，将AGV小车对应的后轴定位支点支撑好，按气动葫芦"下降"按钮，将平衡吊上的拖架套在后轴摆臂位置，再按气动葫芦"上升"按钮，将后轴升高离开器具，见图1、图2 3. 将平衡吊继续升高并超过AGV上的后轴托盘定位销，缓慢下降使后轴平稳落在定位支点内，见图3 4. 检查后轴吊装到位后，略降下平衡吊，取走吊钩，移走气动葫芦 5. 按AGV小车"运行"按钮行至动力总成分装线，见图4 四、质量要求 后轴吊装正确	1. 定位销不能出现歪斜，避免吊装后轴时影响上线 2. 后轴须准确放置在定位支点上，如有位置偏差须重新吊装或调整 3. 按"运行"发车按钮之前，务必确认前副车架及后轴吊装完毕、吊钩都已移走、人员已离开AGV

（2）后桥分装

后桥分装的作业方法、要点与注意事项见表3-4-2。

后轴上线与装配

表3-4-2　后桥分装的作业方法、要点与注意事项

图片	作业方法	要点与注意事项
图1　左后螺旋弹簧安装	一、零件清单（看配置表取件） 1. 标配 后螺旋弹簧2个 后螺旋弹簧上软垫1个 后螺旋弹簧下软垫1个 螺栓、螺母、垫片一套 螺栓（FQ18A14118TF61KG）2个 2. 选配 无	

081

（续）

图片	作业方法	要点与注意事项
 图2 后桥对正  图3 举升后轴总成 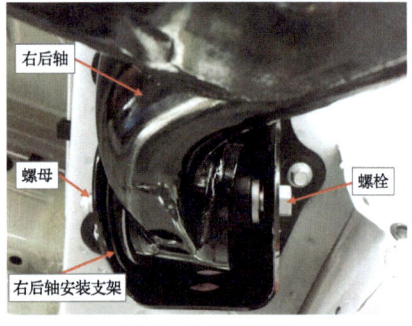 图4 右后轴预拧 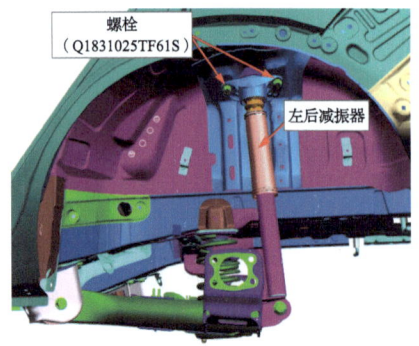 图5 左后减振器与车身预紧	二、工具/设备选用 AGV小车 液压脉冲扳手/套筒 三、装配 1. 确认各装配部件为合格状态 2. 左后螺旋弹簧安装。待后轴横穿螺栓预紧后，按"下降"按钮，使后轴副车架下降至适当位置，取出防顶起装置，安装到车身后部防撞横梁上并将锁止手柄卡到位，将左后螺旋弹簧下软垫安装到左后下控制臂凹槽孔内，见图1 3. 将左后螺旋弹簧靠近点漆端朝下，与左后螺旋弹簧下软垫配合旋转至凸台处，将左后螺旋弹簧上软垫叠放到左后螺旋弹簧上端，按"上升"按钮，使左后螺旋弹簧上软垫安装孔与后车身底板凸台对正卡入，见图2 4. 再按同样的方法安装右后螺旋弹簧 5. 左后轴与左后轴安装支架螺栓预拧。当AGV小车运行到与车身同步开始装配，左右操作人员配合好，按"上升"按钮举升后轴总成，使左、右后减振器升至两侧轮罩处，见图3 6. 将左、右后轴孔与后轴安装支架孔对正，取1个螺栓、1个垫片、1个螺母预拧，见图4 7. 左后减振器与车身预紧。待后螺旋弹簧固定牢靠后，按"上升"按钮，使左后减振器安装孔与车身安装孔对正，取螺栓用液压脉冲扳手预紧，按"下降+复位"按钮，使后轴托盘完全降到位，见图5	$M=(48\pm8)$N·m $S=13$mm 1. 下软垫定位销需卡入下控制臂凹槽定位孔内 2. 上软垫安装孔与后车身底板凸台贴合 3. 后轴与后轴支架安装孔对正 4. 取下后减振器的固定绳子 5. 螺栓从左往右横穿，预拧完成后检查垫片有无漏装 6. 确认左、右后减振器连车身螺栓预紧后方可下降后轴托盘

（续）

图片	作业方法	要点与注意事项
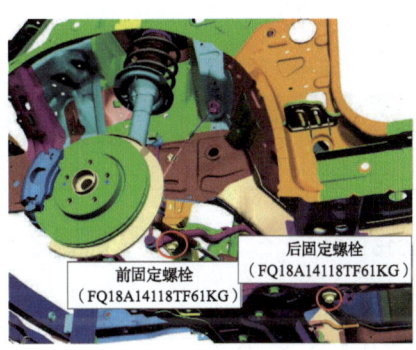 图6 左前副车架与车身预紧 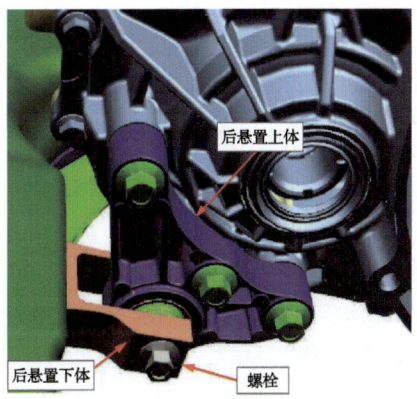 图7 前副车架紧固 图8 后悬置紧固	8. 用同样的方法将右后轴与右后轴安装支架螺栓预拧 9. 用同样的方法将右后减振器与车身预紧 10. 左前副车架与车身预紧。当AGV小车运行到与车身同步开始装配，按"上升"按钮举升动力总成，使左悬置支架与悬置软垫对正，再依次对正其他几个点，见图6 11. 前副车架前、后安装孔与车身钣金孔对正，用液压脉冲扳手按照左后→右后→右前→左前顺序紧固，见图7 12. 将左右后悬置上体与后悬置下体连接螺栓用液压脉冲扳手紧固，见图8 13. 将左后轴与左后轴安装支架预拧的螺栓用液压脉冲扳手与开口扳手配合预紧，见图9 14. 将右前副车架与车身预紧 15. 后悬置下体与前副车架预拧的螺栓用液压脉冲扳手预紧 16. 右后轴与右后轴安装支架螺栓预紧 17. 左悬置软垫与左悬置支架预紧，左悬置软垫与变速器预紧	7. 待动力总成上线后，使左悬置支架与软垫对正、前滑柱与前舱纵梁钣金孔对正、前副车架前后点与钣金孔对正 8. 预紧力矩：$M=(120\pm18)\text{N}\cdot\text{m}$ 9. 预紧力矩：$M=(84\pm13)\text{N}\cdot\text{m}$ 10. 预紧力矩：$M=(96\pm14)\text{N}\cdot\text{m}$ 11. 预紧力矩：$M=(84\pm13)\text{N}\cdot\text{m}$

（续）

图片	作业方法	要点与注意事项
图9 左后轴安装支架紧固	四、质量要求 1. 螺旋弹簧固定牢靠 2. 减振器与车身固定牢靠，至连接面贴合 3. 后悬置下体与前副车架固定牢靠	

（3）底盘生产线附件装配

底盘生产线附件装配的作业方法、要点与注意事项见表3-4-3。

表3-4-3 底盘生产线附件装配的作业方法、要点与注意事项

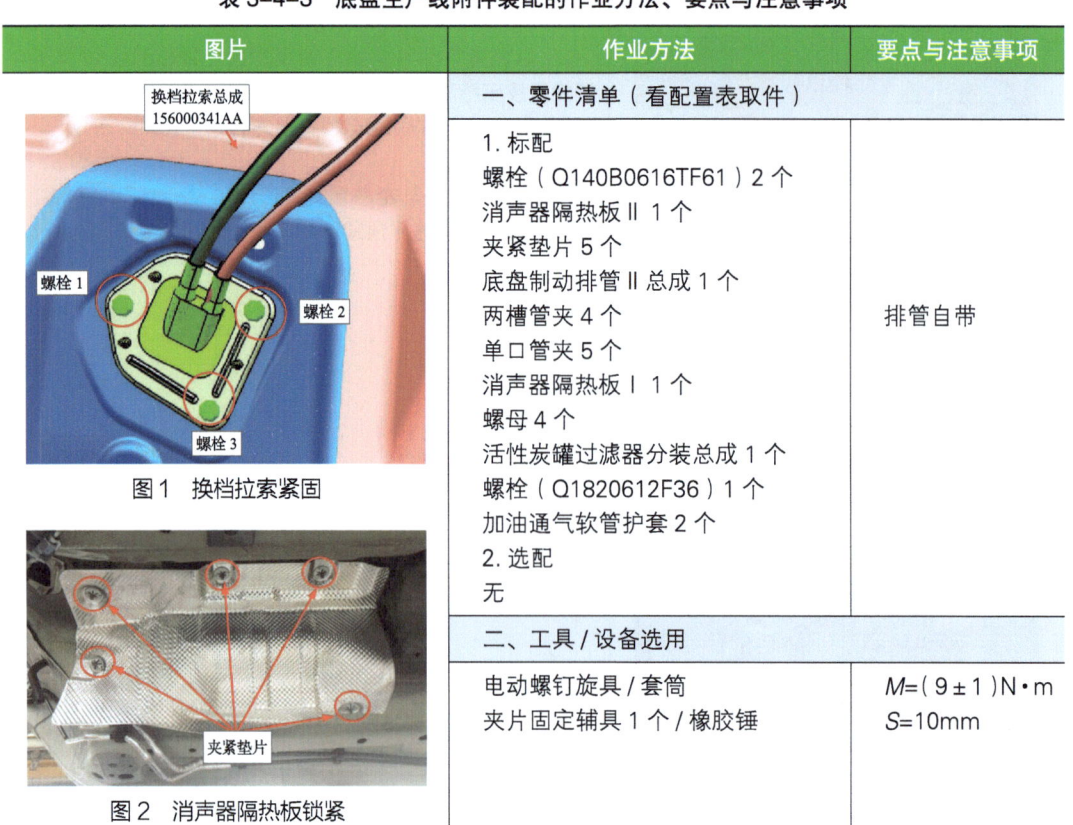

图片	作业方法	要点与注意事项
图1 换档拉索紧固 图2 消声器隔热板锁紧	一、零件清单（看配置表取件） 1. 标配 螺栓（Q140B0616TF61）2个 消声器隔热板Ⅱ 1个 夹紧垫片 5个 底盘制动排管Ⅱ总成 1个 两槽管夹 4个 单口管夹 5个 消声器隔热板Ⅰ 1个 螺母 4个 活性炭罐过滤器分装总成 1个 螺栓（Q1820612F36）1个 加油通气软管护套 2个 2. 选配 无	排管自带
	二、工具/设备选用 电动螺钉旋具/套筒 夹片固定辅具1个/橡胶锤	$M=(9±1)$N·m $S=10$mm

（续）

图片	作业方法	要点与注意事项
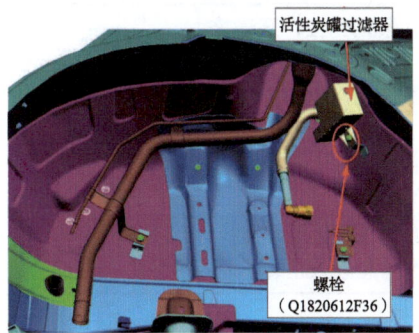 图3　制动排管固定 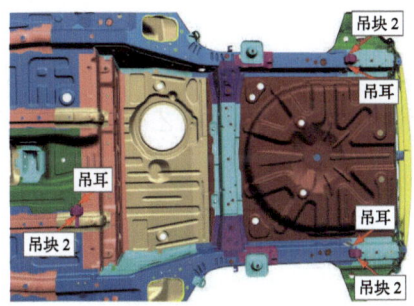 图4　活性炭罐过滤器紧固 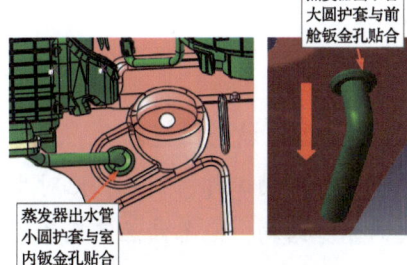 图5　吊块固定到吊耳 图6　蒸发器出水管安装	三、装配 1. 确认各装配部件为合格状态 2. 换档拉索紧固。将拉索堵盖与车身前围板上焊接螺母对正，取2个螺栓用电动螺钉旋具紧固，再将预拧的螺栓1紧固，见图1 3. 将消声器隔热板Ⅱ圆孔与中通道处的螺柱对齐，取5个夹紧垫片用橡胶锤敲击辅具固定锁紧，见图2 4. 底盘制动排管Ⅱ布置在地板左侧，将底盘制动排管Ⅱ总成固定到车身上，从前到后依次将两槽管夹和单口管夹按压到车身前、后地板相应的螺柱上，见图3 5. 将消声器隔热板Ⅰ与备胎池处的螺柱对正，取4个螺母用电动螺钉旋具紧固 6. 将活性炭罐过滤器背面先插入车身的支架卡槽内，取1个螺栓用电动螺钉旋具紧固，见图4 7. 前纵梁与前地板螺栓连接预紧 8. 将吊块2涂抹适量的凡士林，再固定到后地板对应的吊耳上，见图5 9. 从前舱位置，抓住蒸发器出水管头部将出水管按照红色箭头方向拉拽，直至出水管卡槽与钣金贴合，见图6	1. 紧固力矩： $M=(9\pm1)\text{N}\cdot\text{m}$ 2. 夹紧垫片与隔热垫周边贴合 3. 两槽管夹开口朝上，单口管夹开口朝下 4. 紧固力矩： $M=(7\pm1)\text{N}\cdot\text{m}$ 5. 无扭曲，蒸发器出水管护套与钣金贴合，无松动

（续）

图片	作业方法	要点与注意事项
图7 加油通气软管保护套安装	10. 取2个胶堵装配在左、右后轮罩外板下方钣金孔处 11. 将加油通气软管保护套分别从左后轮罩纵梁钣金孔两侧用橡胶锤对正敲击至孔内，见图7 12. 动力总成上线。用扫描枪扫描动力总成配置表上的VIN码，确认系统信息与随车卡、动力总成配置表信息一致	
	四、质量要求	
	1. 换档拉索螺栓紧固到位，至连接面贴合 2. 消声器隔热板Ⅱ固定牢靠，无脱落、翘起 3. 制动管与周边件、制动管之间最小间隙≥3mm 4. 活性炭罐过滤器总成固定牢靠 5. 动力总成上线信息录入正确	

课后拓展

在车间或实训车间进行后桥分装训练，提高职业能力；到图书馆、阅览室查阅汽车总装方面的书籍与杂志，上网查阅汽车总装最新动态资讯，观看汽车总装工艺相关视频。查阅相关资料，思考以下问题：

1) 总结后桥分装的装配流程图。
2) 提炼后桥分装中的技术要点。

素养育人

细节铸就品质，匠心成就卓越

汽车总装生产线的技师袁凯凭借脚踏实地的态度和精益求精的工匠精神，赢得了同事和上级的一致赞誉。他深知汽车制造是一项精密而复杂的工作，因此，他对生产线上的每一环节都了如指掌，从微小的螺钉到庞大的车身结构，他都倾注了无尽的心血。

　　袁凯总是细心地调试设备，确保机器的运行状态达到最佳。他耐心优化工艺，不断探索更加高效、精准的操作方法。他坚信，只有经过精心的打磨和严格的把控，每一辆车才能达到最高品质，才能安全地行驶在道路上。

　　他不仅是生产线上的技术骨干，更是团队中的精神领袖。他乐于分享自己的经验，毫无保留地传授给年轻的同事。在他的带领下，整个团队形成了积极向上、互相学习的良好氛围，大家共同研究技术难题，分享成功经验，共同提升技艺水平。在袁凯的带领下，生产线效率大幅提升，产品质量稳步提升。他的付出得到了上级的认可和表彰，但他从不骄傲自满，而是继续努力工作，追求更高的目标。他的故事激励着身边的每一个人，让他们更加坚定地追求精益求精的工匠精神。

工作任务五 线束与管路安装

学习目标

1）培养"爱技、重技、专技、精技"的工匠精神，树立技能报国的爱国情怀。
2）能够正确叙述线束与管路安装的工艺。
3）能够正确描述线束与管路的装配方法。
4）熟知各线束与管路安装的安全注意事项。
5）熟练进行线束与管路的安装操作。

任务导入

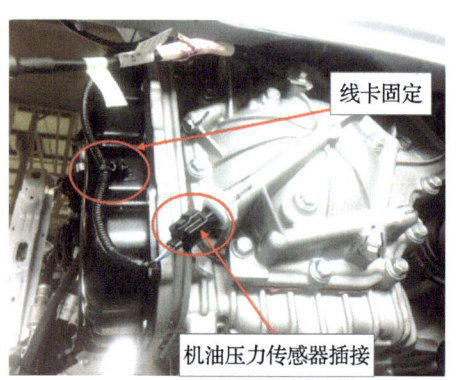

在奇瑞汽车底盘生产线上，底盘装配包含发动机、变速器、发动机线束、副车架、转向机、起动机、传动轴、悬架、三元催化器及发动机上的一些冷却管路的分装与总装。在后桥分装完成后，才会进行底盘其他部分的装配。

知识准备

1. 汽车管路

（1）定义

汽车管路是指连接各个功能件的软管、硬管、线束及拉索等管状零件。其作用是在各功能件之间传递各种介质（如力、油液、电流和气体等），从而保证部件实现应有的功能，使整车能够安全平稳地行驶。

（2）分类

按所用材料，汽车管路可分为橡胶管、塑料管、金属管。

按汽车行业标准，汽车管路分类见表3-5-1。

表 3-5-1 汽车管路分类

类别	种类
制动系统管路	液压制动硬管、液压制动软管、气压制动硬管、气压制动软管、真空管
传动系统管路	离合硬管、离合软管
转向系统管路	高压油管、吸油管、回油管
燃油系统管路	供回油管、炭罐油管
冷却系统管路	冷却水管、出气管
进气系统管路	空压机进气管、中冷器管

2. 线束安装要求

安装前要求装配员确认线束与所需安装的车型匹配，熟记车型线束安装作业指导书，了解线束在整车所起到的作用，布置位置要准确。

1）线束远离热源：线束避免与排气管、发动机本体、压缩机、空调高压管等热源绑扎在一起，同时远离油路、水路、燃气管等易燃部分。

2）线束远离运动件：前舱各运动件如刮水器连杆、真空管等，后部如减振器等。

3）遵循"先绑扎、后固定"原则：多根线束并行或线束过长时，先把线束平行对折后绑扎成束，再用合适方式固定。

4）线束由车身外部进入密封空间时，在过线孔处涂密封胶，封胶要求密封严密、胶形美观；线束通过车身时增加过线胶圈，过线胶圈贴合过线孔，严格防水。若过线孔周围有毛刺、汽车毡、孔变形等异常，处理后再操作。

5）线束插接器对接前应检查插接器针脚有无水等导电物质，有则清除。

6）线束尽量避免从棱角处通过，若无法避开时，应当用龙骨胶条、过线胶圈或涂密封胶等加以保护。

7）线束对接时，插接器要对接到位、锁止可靠；确保铜件未脱离插接器、线未脱离铜件。

8）对于带片状或柱状接线端的传感器类插接器及线束，插接器对接后，要把线束在传感器上反扎后再布线。

9）对接后的插接器及线束有可依附物体时，把插接器本身及可绑扎固定的一侧线束固定在可依附物体上。

10）要根据线束所依附物体的走向规范布置，若所依附物体是较大的平面时，线束应呈现横平竖直的走向,尽量避免斜拉现象。

11)线束绑扎后应平顺,禁止有两头翘起及线束散乱现象。

12)当有多束线一同绑扎时,线束间应平行布置,严禁扭曲缠绕。

13)对非束导线在同一部位先后布线时,后布置的线束在线束固定点位置时,应绑扎在线束固定点上,而不要直接绑扎在线束上。

任务实施

1. 装配工艺流程

底盘生产线装配的工艺流程如图3-5-1所示。

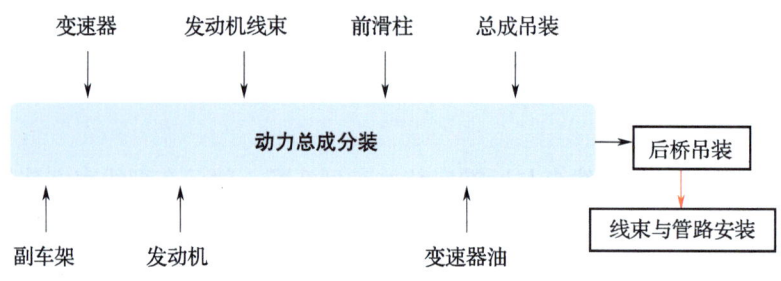

图3-5-1 底盘生产线装配工艺流程

底盘的分装,尽管因其构成的不同装配工艺过程会有所差异,但经分析发现,不同构成的底盘装配模块,只存在工序数的差异,其主体的装配工艺基本相同,故在此以某车型为例不加区分地介绍底盘的装配工艺。汽车底盘装配的工艺内容如图3-5-1所示。在此需特别指出的是,现代汽车的传动系统有MT(手动机械式变速器)、AT(液力自动变速器)、CVT(带式无级自动变速器)、DCT(双离合自动变速器)等多种不同的结构形式,对于采用CVT变速器的汽车,由于CVT等常做成整体式结构,因此其装配过程比MT和AT变速器的汽车少了一道装离合器(或液力变矩器)的工艺。对于绝大多数轿车而言,底盘装配模块中的前桥和后桥之间缺少确定彼此位置关系的专门装置,因此需将底盘组成部件统一装到一个专门的安装架上,此专门安装架在汽车制造业被称为机械托架。机械托架上设置有许多个不同高度、不同形状、不同尺寸的定位点,用此确定各总成部件在汽车上的精确位置。此外为了实现柔性生产(多品种共线生产),其上设置有生产各车型的定位点。若导入新车型,需补充适合新车型的新的定位点。

2. 装配操作

(1)线束与管路连接

线束与管路连接的作业方法、要点与注意事项见表3-5-2。

燃油箱装配

表 3-5-2　线束与管路连接的作业方法、要点与注意事项

图片	作业方法	要点与注意事项
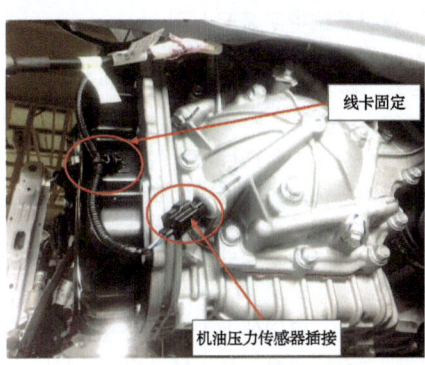 图1　机油压力传感器插接 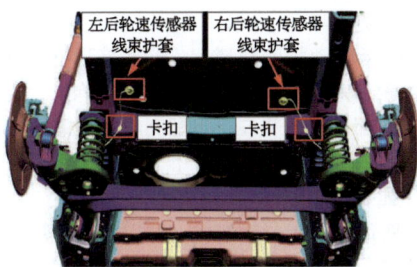 图2　轮速传感器线束护套安装 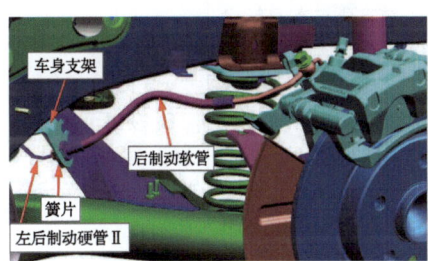 图3　制动硬管与软管连接  图4　液力变矩器螺栓紧固	一、零件清单（看配置表取件） 1. 标配 燃油箱带油泵总成 1 个 燃油箱固定带 2 个 螺栓（Q1820830TF61QS）2 个 2. 选配 无 二、工具/设备选用 液压脉冲扳手/套筒 开口定值力矩扳手 铁锤 点漆笔 气动平衡吊 AGV 小车 电动拧紧机/套筒 蓄电池弯角扳手/套筒 电动螺钉旋具/套筒 三、装配 1. 确认各装配部件为合格状态 2. 将发动机线束插接器与机油压力传感器插接器对接，见图1 3. 将左后轮速传感器线束护套凹槽端卡入车身支架内，将自带卡扣固定到后地板横梁钣金孔内，黑色橡胶护套穿过后地板钣金孔，见图2 4. 左前滑柱与车身预紧 5. 发动机右双头螺柱与右悬置软垫预紧 6. 右前滑柱与车身预紧 7. 将左、右后制动硬管Ⅱ穿过车身支架孔后，与后制动软管预拧，取1个保持簧片用铁锤敲击卡紧，用开口定值力矩扳手紧固并点漆确认，见图3	1. 遵循"一插、二拔、三确认"的线束插接原则 2. 按压卡扣至钣金孔面贴合，线束护套凹槽完全卡入支架内 3. 保持簧片开口由外向内卡入，凹槽面朝向车尾方向 4. 紧固力矩：$M=(18\pm2)$ N·m，并需二次紧固，咔嗒一声后需再紧 10° 左右

（续）

图片	作业方法	要点与注意事项
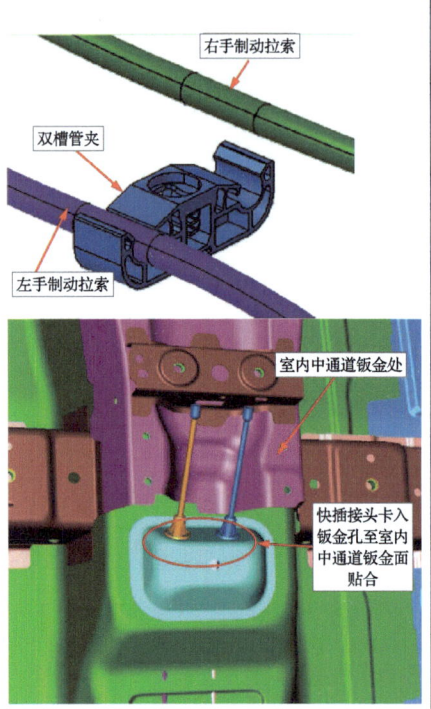 图5 手制动拉索总成卡入 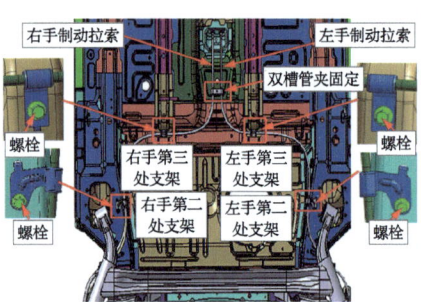 图6 制动拉索固定 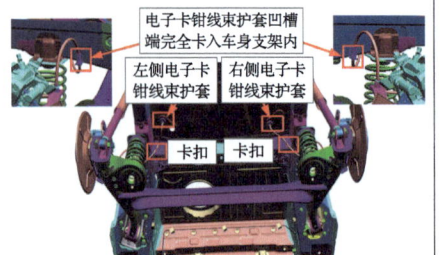 图7 电子卡钳线束护套预穿	8. 后轴总成吊装。在吊装之前务必确认所吊装的后轴与计算机系统中所装配的车辆配置型号一致。用平衡吊将后轴总成吊至AGV小车上，按"运行"按钮行至动力总成分装线 9. 前副车架吊装。在吊装之前务必确认所吊装的前副车架与计算机系统中所装配的车辆配置型号一致。用平衡吊将前副车架吊至AGV小车上，按"运行"按钮行至动力总成分装线 10. 液力变矩器螺栓紧固。用定值力矩扳手朝车身后方转动发动机曲轴，使飞轮孔与变速器固定孔对齐，取螺栓进行预拧、紧固、复紧，见图4 11. 车身底板部分的手制动拉索总成固定。将右手制动拉索卡入左手制动拉索自带的双槽管夹至底部；分别将左、右手制动拉索前端快插接头由底盘穿入室内中通道钣金孔内并插接，见图5 12. 将拉索双槽管夹孔卡入车身螺柱内，将左手制动拉索第二处、第三处支架及右手制动拉索第二处、第三处支架分别插入防转孔，且支架孔与车身钣金孔对正，取螺栓用电动螺钉旋具紧固，见图6 13. 电子卡钳线束护套预穿。将左、右侧电子卡钳线束护套凹槽端卡入车身支架内，将自带卡扣固定到后地板横梁钣金孔内，黑色橡胶护套穿过后地板钣金孔，见图7 14. 将燃油箱分装、油箱固定带预拧后，先将加油通气软管从纵梁的通气管保护套穿过，将燃油箱带油泵总成通过燃油箱固定带固定到车身上，将两槽管夹固定到车身地板螺柱上，见图8、图9 15. 燃油蒸气管卡接。将进油管Ⅰ与进油管Ⅱ快插对接并点漆确认，燃油蒸气管Ⅱ与燃油蒸气管Ⅴ快插对接并点漆确认，活性炭罐通气管扎带卡扣固定到油箱后部横梁安装孔内，见图10	5. 紧固力矩：$M=(55\pm5)$N·m 6. 插接到位时有"咔嗒"响声；装配完成后用手拉一下，检查是否固定到位 7. 紧固力矩：$M=(9\pm1.5)$N·m 8. 按压卡扣至钣金孔面贴合，线束护套凹槽完全卡入支架内 9. 燃油箱固定带方向：箭头朝向车头方向 10. 油箱装配完成后检查加油通气软管是否脱卡，若有脱卡的将加油通气软管固定到管夹内 11. 遵循"一插、二拔、三确认"插接原则

（续）

图片	作业方法	要点与注意事项
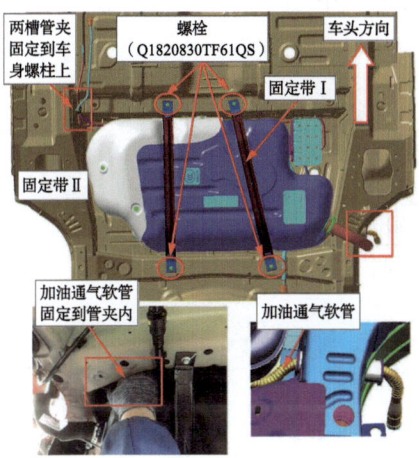 图8 燃油箱总成	四、质量要求 1.机油压力传感器插接牢靠，无虚插、漏插 2.后轮速传感器线束黑色橡胶护套穿过钣金孔，不掉落；后轮速传感器与后弹簧最小间隙≥20mm 3.后制动硬管Ⅱ与后制动软管固定牢靠 4.点漆规范 5.线束黑色橡胶护套不掉落 6.燃油蒸气管Ⅱ与右后硬管Ⅱ单槽管夹最小间隙≥10mm 7.右后制动管及管夹与油箱隔热板最小间隙≥5mm 8.燃油管与车身钣金最小间隙≥2mm，车底盘处燃油管与蒸气管最小间隙≥2mm	
 图9 燃油箱固定安装		
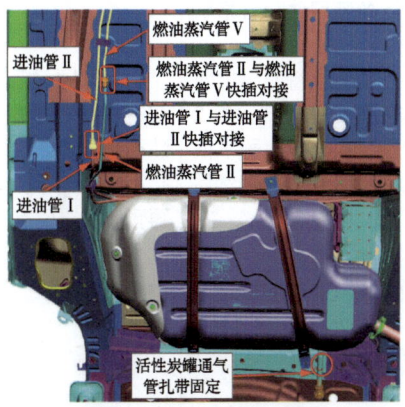 图10 燃油蒸气管卡接		

（2）其他附件装配

其他附件装配的作业方法、要点与注意事项见表3-5-3。

表3-5-3 其他附件装配的作业方法、要点与注意事项

图片	作业方法	要点与注意事项
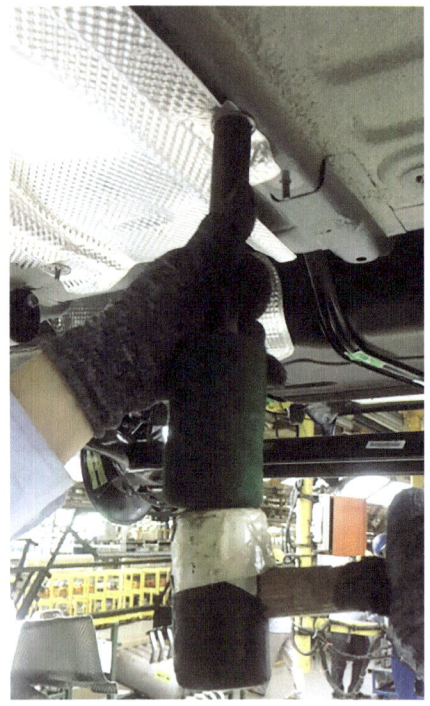 图1 左纵梁焊接总成预紧 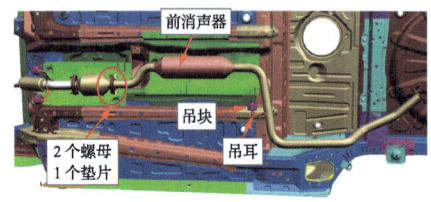 图2 消声器隔热板安装 图3 前消声器固定预拧	一、零件清单（看配置表取件） 1. 标配 左纵梁焊接总成1个 螺栓（Q1831225TF61K）2个 螺栓（FQ1851460TF61K）1个 隔热板总成Ⅲ1个 夹紧垫片5个 前消声器垫片1个、螺母2个 主催化器垫片1个、螺母2个 前消声器垫片1个、螺母2个 防尘挡板1个、螺栓2个 2. 选配 前消声器总成1个 主催化器1个 后消声器总成1个 燃油排管总成1个 二、工具/设备选用 液压脉冲扳手/套筒 电动拧紧机/套筒 点漆笔 夹片固定辅具1个 橡胶锤 气动弯角扳手/套筒 三、装配 1. 看配置表，确认各装配件为合格状态 2. 左纵梁焊接总成预紧。将左纵梁两后固定孔与前副车架固定孔对齐，取2个螺栓预拧；将前固定孔与散热器下横梁固定孔对齐，取1个螺栓预拧，然后用液压脉冲扳手预紧，见图1	1.6T 1. 紧固力矩： $M=(84\pm13)$ N·m 2. 先预紧B点，再预紧A、C点

（续）

图片	作业方法	要点与注意事项
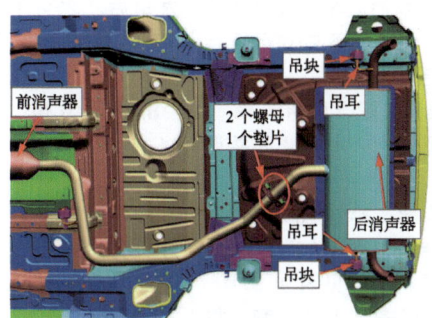 图 4 主催化器总成装配 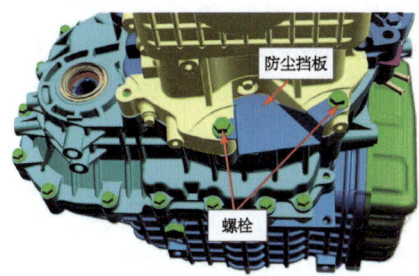 图 5 后消声器装配 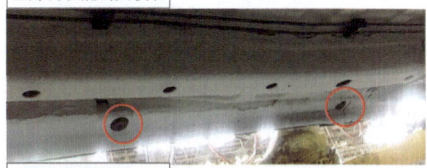 图 6 防尘挡板装配 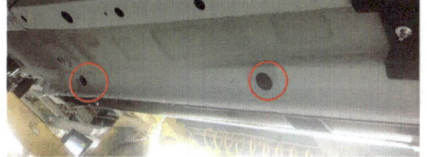 图 7 车身底板堵件装配	3. 用同样的方法将右纵梁焊接总成预紧 4. 左前副车架与车身紧固、复紧并点漆确认 5. 后悬置下体与前副车架紧固、复紧并点漆确认 6. 左后轴安装支架紧固、复紧并点漆确认 7. 将消声器隔热板Ⅲ与中通道处的螺柱对正，取 5 个夹紧垫片按照对角线的顺序用橡胶锤和辅具固定，见图 2 8. 右前副车架与车身紧固 9. 右后轴安装支架紧固 10. 将前消声器抬至车身底部，前消声器吊耳卡入车身底部安装的吊块内，先取 1 个垫片安装到主催化器后端螺柱上，将前消声器进气法兰孔卡到主催化器后端螺柱上，取 2 个螺母预拧，见图 3 11. 主催化器总成装配。先取 1 个垫片安装到主催化器前端螺柱上，将排气前管孔卡到主催化器前端螺柱上，取 2 个螺母预拧 3~5 牙，见图 4 12. 后消声器装配。将后消声器抬至车身底部，后消声器两侧吊耳卡入车身底部安装的吊块内，先取 1 个垫片安装到前消声器后端螺柱上，将后消声器进气法兰孔卡到前消声器后端螺柱上，取 2 个螺母预拧，见图 5 13. 后悬置上体与下体紧固 14. 左、右后轴与后轴安装支架螺母紧固 15. 防尘挡板装配。将防尘挡板塞入发动机与变速器下端接触面内，使防尘挡板孔与变速器固定孔对齐，取 2 个螺栓预拧后用气动弯角扳手紧固，见图 6	3. 隔热板Ⅲ凹槽面朝向车身下方 4. 注意垫片不得漏装 5. 主催化器标识朝下，箭头方向朝车尾方向 6. 防尘挡板装配之前，先用手左右旋转液力变矩器紧固螺栓，检查确认螺栓已紧固

（续）

图片	作业方法	要点与注意事项
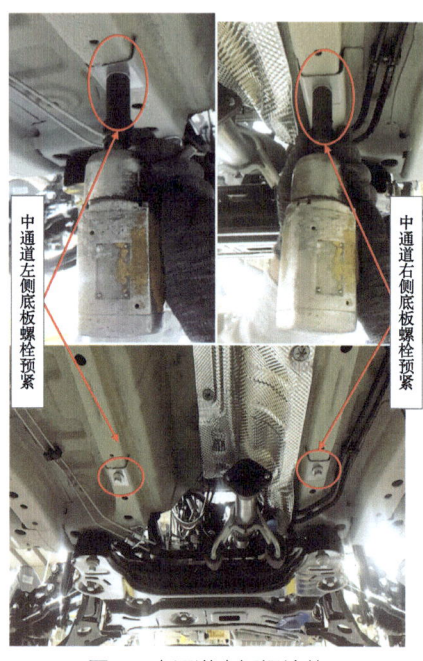 图8 中通道底板螺栓装配 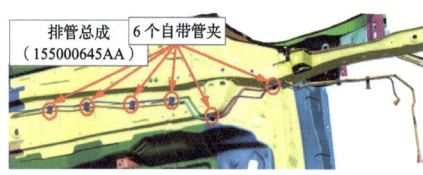 图9 燃油排管装配  图10 左、右侧护板安装支架装配	16. 左侧前纵梁与前地板纵梁螺栓紧固 17. 主催化器总成紧固 18. 右侧前纵梁与前地板纵梁螺栓紧固 19. AGV小车动力总成托盘下降。按AGV小车上的"下降"按钮将动力总成托盘降到位，待前后副车架托盘回位到AGV设备上，AGV设备自动运行至前后副车架吊装区 20. 车身底板堵件装配，见图7 21. 中通道底板螺栓装配、紧固并点漆确认，见图8 22. 燃油排管装配。排管总成布置在地板右侧，将自带的6个两槽管夹依次卡入车身底板的螺柱内，见图9 23. 左、右侧护板安装支架装配。将侧护板支架定位销导入副车架的定位孔，取2个螺栓将侧护板支架后点、前点分别与副车架预拧、紧固并点漆确认，见图10 24. 发动机右侧护板装配 25. 左、右纵梁总成与车身紧固 26. 下防撞梁总成装配。将下防撞梁上的主、辅定位孔与车身螺柱对正，取2个螺栓预拧主、辅定位孔；将下防撞梁总成的下部4个螺栓预拧，并全部紧固，见图11 27. 左前、右前、左后底盘护板装配 28. 发动机左侧护板装配	7. 需确认前副车架前后点螺栓、左右悬置支架螺栓、左右前滑柱螺母紧固到标准力矩后，才可下降动力总成托盘 8. 紧固力矩：$M=(120±12)$ N·m 9. 两槽管夹的开口方向朝下，进油管Ⅱ在管夹右端，燃油蒸气管Ⅲ在管夹左端 10. 紧固力矩：$M=(80±5)$N·m 11. 紧固力矩：$M=(25±3.5)$ N·m
	四、质量要求	
	1. 左纵梁总成固定牢靠至连接面贴合 2. 后消声器连接前消声器正确 3. 防尘挡板固定牢靠 4. 螺母紧固到标准力矩 5. 燃油排管固定位置正确 6. 侧护板安装支架固定牢靠至连接面贴合 7. 下防撞梁总成装配到位，无松动、变形	

（续）

图片	作业方法	要点与注意事项
图11 下防撞梁总成装配（主定位孔、辅定位孔）		

课后拓展

在车间或实训车间进行底盘生产线中线束与管路安装训练，提高职业能力；到图书馆、阅览室查阅汽车总装方面的书籍与杂志，上网查阅汽车总装最新动态资讯，观看汽车总装工艺相关视频。查阅相关资料，思考以下问题：

1）总结底盘生产线中线束与管路安装的装配流程图。
2）总结汽车总装时线束与管路安装的技术要点。

素养育人

匠心守护产线，细节成就非凡

在汽车总装生产线上，孙绍以其脚踏实地的工匠精神赢得了赞誉。他对每一条流水线了如指掌，视机器为友，用心维护。他深知每个细节关乎整车质量，因此总是精益求精、力求完美。不仅如此，他还乐于分享经验，带动团队共同进步。在他的引领下，生产线效率和质量显著提升。孙绍用实际行动诠释了工匠精神的真谛，成为大家学习的榜样。他的故事告诉我们，只要用心去做，都能在汽车制造这个精细的行业中创造出不凡的成就。

项目四
二次内饰装配

- 工作任务一　二次内饰典型零部件的装配
- 工作任务二　燃油密封性检测
- 工作任务三　气液加注

工作任务一 二次内饰典型零部件的装配

学习目标

1) 培养"爱技、重技、专技、精技"的工匠精神,树立技能报国的爱国情怀。
2) 能够正确叙述二次内饰装配的工艺。
3) 能够正确描述二次内饰零部件的装配方法。
4) 熟知内饰部件总成分装的安全注意事项。
5) 熟练进行二次内饰的分装操作。

任务导入

在奇瑞汽车总装生产线上,二次内饰装配工艺流程是汽车制造过程中不可或缺的一环,它确保了车辆内部装配部件的正确安装和质量,主要包含中控台、仪表板、报警装置、安全气囊、转向柱、座椅、车窗、门锁、踏板、舱盖等部件的分装与总装。在执行二次内饰装配工艺时,需要注意质量控制和工作细节,并确保按照预定的流程和要求进行操作。同时要保证装配部件的质量和数量符合要求,避免出现错误安装或装配位置不准确的情况。要加强质量控制和检验环节,确保每个部件都经过检验和测试,以提高整车内部装配部件的质量和可靠性。接下来请按任务工单完成工作,进入工位前要做好个人防护。

知识准备

1.二次内饰的定义

汽车生产是由四大工艺组成,如图4-1-1所示,在总装工艺中,内饰安装又分为一次内饰和二次内饰。

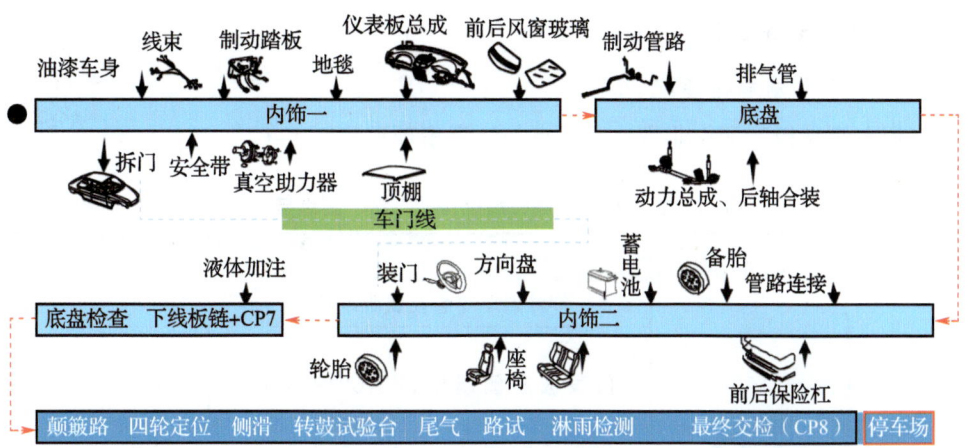

图 4-1-1 汽车总装工艺

2. 二次内饰的基本构成

二次内饰的装配主要包含中控台、仪表板、报警装置、安全气囊、转向柱、座椅、车窗、门锁、踏板、舱盖等部件。

任务实施

1. 二次内饰装配工艺流程

二次内饰装配的工艺流程如图 4-1-2 所示。

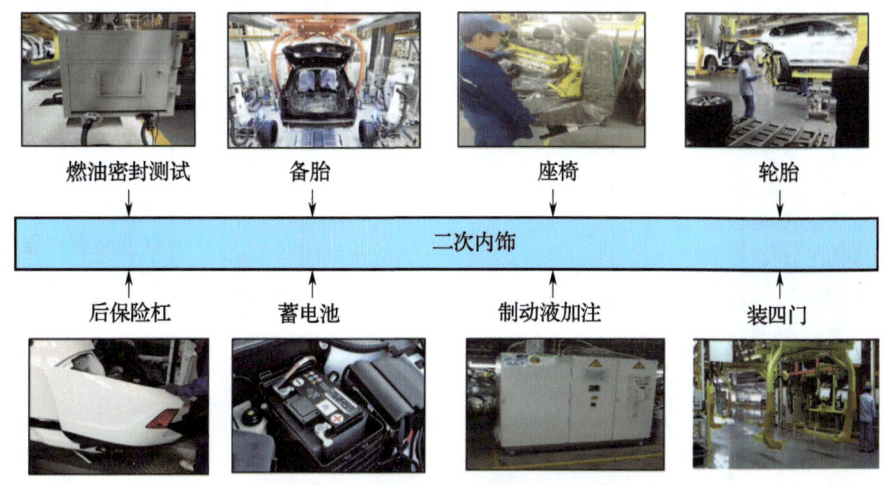

图 4-1-2 二次内饰装配工艺流程

二次内饰分装主要包括部分内饰件、外观件、蓄电池、散热器、轮胎等内容。

2. 二次内饰装配操作

（1）仪表板左侧端板装配

仪表板左侧端板装配作业方法、要点与注意事项见表4-1-1。

仪表台分装

表4-1-1 仪表板左侧端板装配作业方法、要点与注意事项

图片	作业方法	要点与注意事项
图1 仪表板左侧端板	一、零件清单（看配置表取件） 1. 标配 仪表板左侧端板（401001815AA）1个　国际 仪表板左侧端板（401001815AA）1个　国内 2. 选配 无 二、工具/设备选用 无 三、装配 1. 确认仪表板左侧端板为合格状态 2. 将左侧端板2个插销插入仪表板本体插销安装孔内，旋转将4个双边卡依次拍入仪表板本体安装孔内，用力拍紧，见图1、图2、图3	1. 表面划伤、卡扣破损为不合格 2. 卡扣、插销完全卡入仪表板固定孔内至底部 3. 端板上下端均在A柱上下护板外侧，见图4 4. 卡接到位 5. 最上部卡爪在旋转装配时要用力往里压，防止装配过程中划伤搪塑皮和包覆前饰板
图2 仪表板左侧端板底座		

（续）

图片	作业方法	要点与注意事项
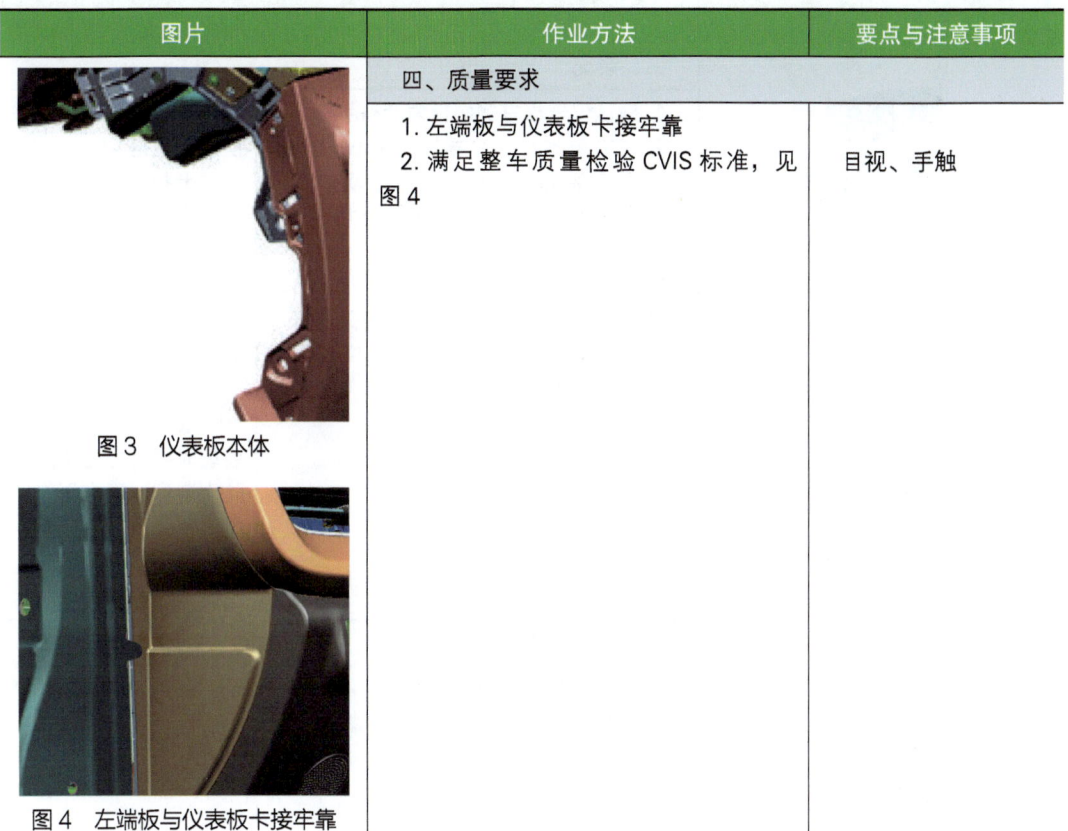 图 3　仪表板本体 图 4　左端板与仪表板卡接牢靠	四、质量要求 1. 左端板与仪表板卡接牢靠 2. 满足整车质量检验 CVIS 标准，见图 4	目视、手触

（2）仪表板右侧端板装配

仪表板右侧端板装配的作业方法、要点与注意事项见表 4-1-2。

仪表及附件装配

表 4-1-2　仪表板右侧端板装配的作业方法、要点与注意事项

图片	作业方法	要点与注意事项
图 1　仪表板右侧端板	一、零件清单（看配置表取件） 1. 标配 仪表板右侧端板（401001816AA）1 个 2. 选配 仪表板右侧端板（401001999AA）1 个 副驾驶安全气囊开关（808000298AA）1 个	
	二、工具/设备选用 无	

103

（续）

图片	作业方法	要点与注意事项
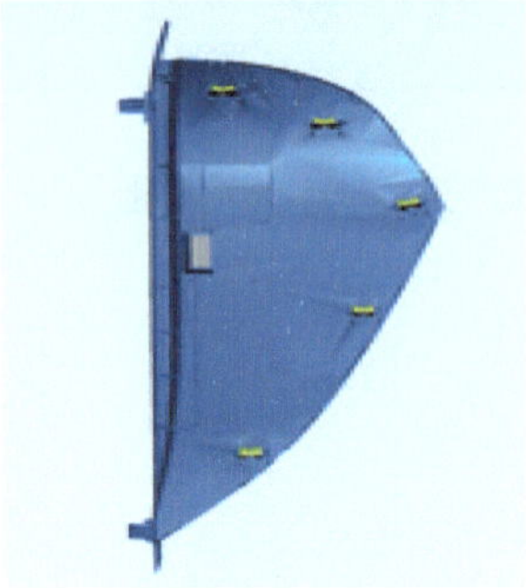 图2 仪表板右侧端板底座 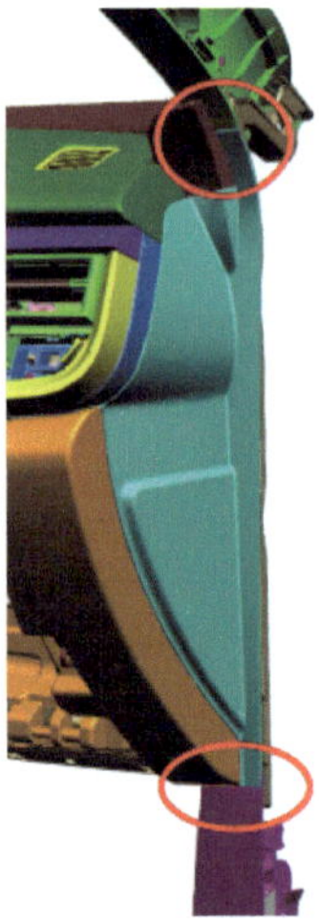 图3 右端板与仪表板卡接牢靠	三、装配 1. 确认仪表板右侧端板为合格状态 2. 将右侧端板2个插销插入仪表板本体插销安装孔内，旋转将4个双边卡依次拍入仪表板本体安装孔内，用力拍紧，见图1、图2 3. 将开关线束从右侧端板孔内掏出，线束插接器与副驾驶安全气囊开关插好 4. 将副驾驶安全气囊开关从仪表板右侧护板上的安装孔装入，卡扣卡接到位即可，见图3	1. 表面划伤、卡扣破损为不合格 2. 卡扣、插销完全卡入仪表板固定孔内至底部 3. 端板上下端均在A柱上下护板外侧，如图3所示 4. 卡接到位 5. 最上部卡爪在旋转装配时要用力往里压，防止装配过程中划伤搪塑皮和包覆前饰板 6. 遵循"一插、二拔、三确认"的原则
	四、质量要求 1. 右端板与仪表板卡接牢靠 2. 副驾驶安全气囊开关与右端板卡接牢靠	目视、手触

（3）左侧座椅支架装配

左侧座椅支架装配的作业方法、要点与注意事项见表4-1-3。

表4-1-3 左侧座椅支架装配的作业方法、要点与注意事项

图片	作业方法	要点与注意事项
图1 扫码枪登录	一、零件清单（看配置表取件） 1. 标配 左侧座椅支架（T15-7005070）1个 螺栓（FQ1831028TF38SN）2个 2. 选配 无	有"LH"字样

（续）

图片	作业方法	要点与注意事项
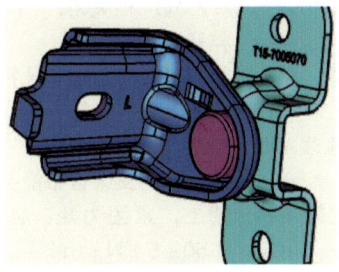 图2　扫描 VIN 码 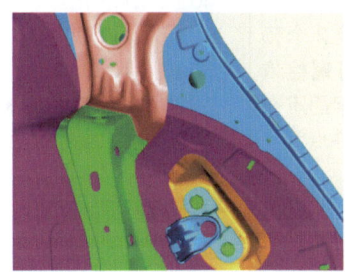 图3　左侧座椅支架 图4　支架固定到车上	二、工具/设备选用 扫描枪/点漆笔 电动拧紧机/套筒 液压脉冲扳手/套筒 定值力矩扳手 三、装配 1. 看配置表，确认左侧座椅支架为合格状态 2. 打开电源，开启设备 3. 取扫描枪扫描条码进行登录，控制箱上对应指示灯亮，见图1 4. 取扫描枪扫描动力总成配置表VIN码、物料号，见图2 5. 将左侧座椅支架与车身左侧轮罩钣金孔对正，取2颗螺栓预拧1牙，用电动拧紧机紧固到位，并点漆确认，见图3 6. 拧紧机故障时，需维修设备，同时启用临时更改替代方案：取螺栓2个预拧大于1牙，用液压脉冲扳手将螺栓依次紧固到标准力矩，使左安装支架固定在车身上，见图4，再用定值力矩扳手复紧并点漆 四、质量要求 1. 装配方向正确 2. 螺栓紧固至与连接面贴合	$M=(50\pm5)$N·m $S=13$mm $M=(40\pm5)$N·m $S=13$mm $M=(50\pm5)$N·m 1. 支架变形为不合格 2. "O"档关闭，"｜"档开启 3. VIN码、物料号扫描成功后控制箱上对应指示灯亮 4. 座椅支架自带箭头朝上，紧固力矩：$M=(50\pm5)$N·m 5. 紧固力矩：$M=(40\pm5)$N·m 6. 复紧力矩：$M=(50\pm5)$N·m 7. 临时替代结束后，确认电动拧紧机参数是否正常，进行开班验证，合格后再使用电动拧紧机 目视

（4）右侧座椅支架装配

右侧座椅支架装配的作业方法、要点与注意事项见表4-1-4。

表4-1-4　右侧座椅支架装配的作业方法、要点与注意事项

图片	作业方法	要点与注意事项
图1　扫码枪登录	一、零件清单（看配置表取件） 1. 标配 右侧座椅支架（T15-7005080）1个 螺栓（FQ1831028TF38SN）2个 2. 选配 无	有"RH"字样

(续)

图片	作业方法	要点与注意事项
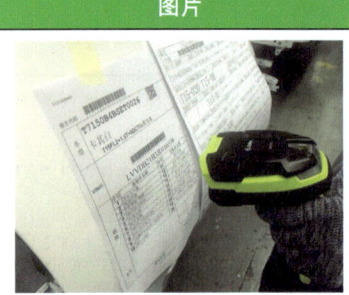 图2 扫描VIN码  图3 支架固定到车上	二、工具/设备选用 扫描枪/点漆笔 电动拧紧机/套筒 液压脉冲扳手/套筒 定值力矩扳手	$M=(50\pm5)\,\text{N}\cdot\text{m}$ $S=13\,\text{mm}$ $M=(40\pm5)\,\text{N}\cdot\text{m}$ $S=13\,\text{mm}$ $M=(50\pm5)\,\text{N}\cdot\text{m}$
	三、装配 1. 看配置表，确认右侧座椅支架为合格状态 2. 打开电源，开启设备 3. 取扫描枪扫描条码进行登录，控制箱上对应指示灯亮，见图1 4. 取扫描枪扫描动力总成配置表VIN码、物料号，见图2 5. 将右侧座椅支架与车身左侧轮罩钣金孔对正，取2颗螺栓预拧1牙，用电动拧紧机紧固到位，并点漆确认，见图3 6. 拧紧机故障时，需维修设备，同时启用临时更改替代方案：取螺栓2个预拧大于1牙，用液压脉冲扳手将螺栓依次紧固到标准力矩，使右安装支架固定在车身上，再用定值力矩扳手复紧并点漆	1. 支架变形为不合格 2. "O"档关闭，"｜"档开启 3. VIN码、物料号扫描成功后控制箱上对应指示灯亮 4. 座椅支架自带箭头朝上，紧固力矩：$M=(50\pm5)\,\text{N}\cdot\text{m}$ 5. 紧固力矩：$M=(40\pm5)\,\text{N}\cdot\text{m}$ 6. 复紧力矩：$M=(50\pm5)\,\text{N}\cdot\text{m}$ 7. 临时替代结束后，确认电动拧紧机参数是否正常，进行开班验证，合格后再使用电动拧紧机
	四、质量要求 1. 装配方向正确 2. 螺栓紧固至与连接面贴合	目视

（5）后座椅靠背中间安装支架装配

后座椅靠背中间安装支架装配的作业方法、要点与注意事项见表4-1-5。

表4-1-5 后座椅靠背中间安装支架装配的作业方法、要点与注意事项

图片	作业方法	要点与注意事项
图1 支架	一、零件清单（看配置表取件） 1. 标配 后座椅靠背中间安装支架（T15-7005050）1个 螺栓（FQ1831028TF38SN）2个 2. 选配 无	

（续）

图片	作业方法	要点与注意事项
图2 支架固定螺栓 图3 后座椅靠背中间安装支架	二、工具/设备选用 扫描枪/点漆笔 电动拧紧机/套筒 液压脉冲扳手/套筒 定值力矩扳手	$M=(50\pm5)$ N·m $S=13$mm $M=(40\pm5)$ N·m $S=13$mm $M=(50\pm5)$ N·m
	三、装配 1. 看配置表，确认后座椅靠背中间安装支架为合格状态 2. 打开电源，开启设备 3. 取扫描枪扫描条码进行登录，控制箱上对应指示灯亮 4. 取扫描枪扫描动力总成配置表VIN码、物料号 5. 将后座椅靠背中间安装支架与车身钣金孔对正，取2颗螺栓预拧1牙，用电动拧紧机紧固到位，并点漆确认，见图2、图3 6. 拧紧机故障时，需维修设备，同时启用临时更改替代方案：取螺栓2个预拧大于1牙，用液压脉冲扳手将螺栓依次紧固到标准力矩，使后座椅靠背中间安装支架固定在车身上，再用定值力矩扳手复紧并点漆	1. 支架变形为不合格 2. "O"档关闭，"丨"档开启 3. VIN码、物料号扫描成功后控制箱上对应指示灯亮 4. 支架自带箭头朝上，紧固力矩：$M=(50\pm5)$ N·m，见图1 5. 紧固力矩：$M=(40\pm5)$ N·m 6. 复紧力矩：$M=(50\pm5)$ N·m 7. 临时替代结束后，确认电动拧紧机参数是否正常，进行开班验证，合格后再使用电动拧紧机
	四、质量要求 螺栓紧固至与连接面贴合	目视

（6）座椅总成上线装配

座椅总成上线装配的作业方法、要点与注意事项见表4-1-6。

前座椅总成上线装配

表4-1-6 座椅总成上线装配的作业方法、要点与注意事项

图片	作业方法	要点与注意事项
	一、零件清单（看配置表取件）	
	1. 标配 无 2. 选配 左前座椅总成1个	看指示表取件装车

107

（续）

图片	作业方法	要点与注意事项
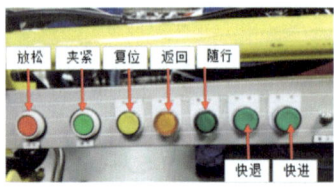 图1　座椅机械电源按钮 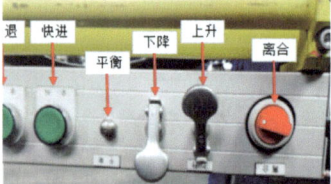 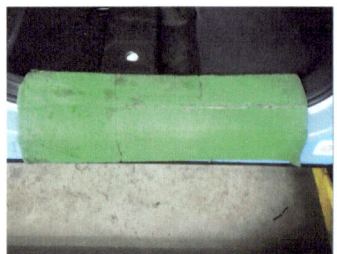 图2　防护垫 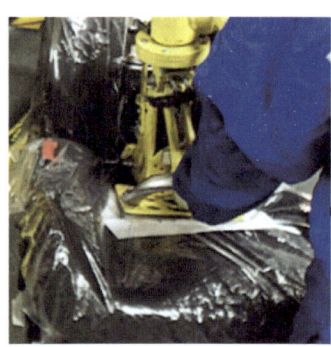 图3　座椅放入合适位置  图4　座椅线束安装	二、工具/设备选用 1. 座椅机械手 2. 防护垫1件 3. 蓄电池螺钉旋具1把（预拧辅具） 三、装配 1. 将座椅机械"电源开关"旋钮旋到右边打开电源，见图1 2. "离合"旋钮旋至左边行走电机处于"合"的状态下，进行自动操作 3. "刹车"旋钮处于打开状态 4. 取防护垫对左前门槛进行防护，见图2 5. 操作机械手，按下"放松"按钮，夹具打开，将夹具插入左前座椅与靠背之间，按下"夹紧"按钮 6. 将安全带锁扣位置座椅防护罩向上翻出，漏出安全带锁扣 7. 操作"上升""平衡""下降"按钮将座椅放入室内合适位置，见图3 8. 按下"放松"按钮，放下座椅。操作"快进""快退""上升""下降"按钮或直接手拉将机械臂退出车外，按下"刹车"按钮 9. 向后翻倒座椅，将车身主线束上插接器分别与座椅端安全带锁扣、侧气囊线束、加热垫、电动调节开关的对接插头进行插接，见图4 10. 将座椅下方卡扣卡接至座椅下部支架上 11. 取4颗螺栓，调整座椅支脚安装孔与钣金孔对正，使用拧紧辅具电动螺钉旋具先将左前座椅前面2颗螺栓预紧固到位，将座椅坐垫滑到最前端且锁止，再把左前座椅后面2颗螺栓预紧固到位	1. 看配置表，确认零件号及差异 2. 旋至右边，行走电机处于"离"的状态下，进行手动操作 3. 确认座椅夹件头枕放至最低位置 4. 行走电机处于"离"状态下按"快进""快退"按钮或行走电机处于"合"的状态下直接手拉 5. 异常情况下可以按下"急停"按钮，大线停线，异常处理后再次旋开"急停"按钮并按"复位"按钮，大线正常运行 6. 机械手异常时使用人工搬运，搬运过程中轻放，防止划伤 7. "一插、二拔、三确认"原则 8. 插接顺序：侧气囊→电动调节开关安全带锁扣→加热垫依次插接 9. 侧气囊线束方向在电动调节开关线束内侧 10. 先插接开关后卡接卡扣

（续）

图片	作业方法	要点与注意事项
	四、质量要求 1. 线束插接遵循插接原则 2. 线束固定到位 3. 座椅避免划伤周边件	

（7）主安全气囊装配

主安全气囊装配的作业方法、要点与注意事项见表4-1-7。

主安全气囊装配

表 4-1-7　主安全气囊装配的作业方法、要点与注意事项

图片	作业方法	要点与注意事项
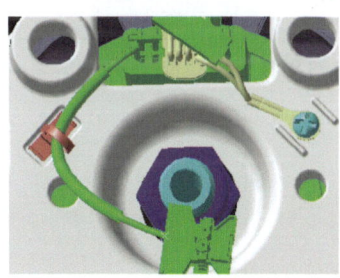 图1　安全气囊  图2　安装紧固螺母  图3　安装气囊	一、零件清单（看配置表取件） 1. 标配 无 2. 选配 无 二、工具/设备选用 无 三、装配 1. 看配置表，确认驾驶员安全气囊为合格状态，见图1 2. 互检方向盘螺母是否紧固，用白漆笔画线确认，见图2 3. 将主安全气囊放置在方向盘气囊凹槽内 4. 再将安全气囊插头与安全气囊插接器连接 5. 将喇叭插接器插到安全气囊的金属片上 6. 整理好线束，将安全气囊放入方向盘内，双手按压气囊中间部位固定在方向盘内，见图3	1. 外观划伤为不合格 2. 遵循"一插、二拔、三确认"原则 3. 插接到位 4. 按压气囊检查喇叭是否正常 5. 固定气囊前检查方向盘上线束是否脱卡，线束与气囊卡角不干涉
	四、质量要求 1. 按压顺畅，无卡滞现象，线束固定到位 2. 满足整车质量检验CVIS标准 3. 不允许在通电状态下安装	目视、手触

（8）蓄电池、压板、连杆装配

蓄电池、压板、连杆装配的作业方法、要点与注意事项见表4-1-8。

表4-1-8　蓄电池、压板、连杆装配的作业方法、要点与注意事项

图片	作业方法	要点与注意事项
 图1　蓄电池位置  图2　蓄电池压板 图3　紧固蓄电池	一、零件清单（看配置表取件） 1. 标配 蓄电池连杆（A21-3703017BA）2个 蓄电池压板（T15-3703015）1个 螺母（Q32006F38）2个 2. 选配 无 二、工具/设备选用 电动螺钉旋具1把 三、装配 1. 看配置表，确认蓄电池连杆、压板为合格状态 2. 确认蓄电池位置正确，见图1 3. 将2个连接杆通过2个螺母（Q32006F38）与压板进行连接，见图2 4. 将2个连接杆挂到蓄电池托盘两边，用电动螺钉旋具将连接杆上的螺母先预拧再紧固，见图2 5. 紧固力矩，固定蓄电池，见图3 四、质量要求 1. 紧固到标准力矩，满足整车质量检验CVIS标准 2. 连接正确	 $M=(7±1)$N·m 1. 蓄电池连杆、压板变形为不合格 2. 预拧大于1牙 3. 紧固力矩：$M=(7±1)$N·m

课后拓展

到图书馆、阅览室查阅汽车总装方面的书籍与杂志，上网查找汽车装配的最新技术资料，观看汽车总装、焊装、涂装工艺相关视频。

  项目四 二次内饰装配

到汽车生产线体验企业真实工作场景,感受企业文化,实地了解汽车装配线工作过程。

素养育人

工艺铸就品质,细节塑造品牌

在汽车总装生产线上,汽车内饰装配工艺堪称一道关键工序,它不仅直接决定了车辆的整体质量和品控水平,更是关系到每一位车主的驾驶体验和车辆品牌的声誉。内饰装配的每一个细节都至关重要,尤其是装配间隙的把控,更需要精益求精。想象一下,如果由于装配间隙的不当,导致车辆在行驶过程中发出异响,这不仅会极大地影响车主的驾驶体验,更可能让车主对车辆的整体质量产生质疑,从而对车辆品牌产生负面影响。因此,我们都深知"质量第一"的重要性,它不仅仅是一句口号,更是我们工作的核心准则。在装配过程中,我们严格按照工艺要求进行操作,对每一个装配环节都进行严格的把控和检查。我们深知,任何一个小小的疏忽都可能导致严重的后果,因此,我们时刻保持警惕,不敢有丝毫的懈怠。

工作任务二 燃油密封性检测

学习目标

1）培养"爱技、重技、专技、精技"的工匠精神,树立技能报国的爱国情怀。
2）能够正确叙述燃油密封性检测的工艺。
3）能够正确描述燃油密封性检测的方法。
4）熟知燃油密封性检测的安全注意事项。
5）熟练进行燃油密封性检测的操作。

任务导入

车辆密封性是指车辆在洗车、降雨等情况下行驶时,不会出现漏水漏风的缺陷。燃油密封就是防止燃油管内的燃油蒸气泄漏到大气中污染环境,同时收集汽油蒸气并适时送入进气管,与空气混合后进入发动机燃烧,提高燃油的经济性。这项技术又称EVAP。一旦燃油泄漏,会有较为严重的后果。

在德国康采恩标准下,所有车辆交到客户前都会进行严苛的燃油系统密封性检测和燃油系统通气性检测,合格后方能交到用户手中。

那么,如何保证整车的燃油系统密封性是合格的呢?我们来一探究竟。

知识准备

1. 燃油密封性检测和燃油系统通气性检测的定义

燃油密封性检测是将快速充气阀与油箱加注口结合,封堵炭罐通气口,从加油口往油箱里加压,达到一定压力后停止加压,测量一定时间内的压降是否符合标准。

燃油系统通气性检测是将快速充气阀与油箱加注口结合,封堵炭罐通气口,从加油口往油箱里加压,达到一定压力后停止加压,打开限压阀,测量一定时间内的压降。

2. 检测方法

结合当前使用的汽车燃油系统气密性和通气性检测设备的设计经验,对现有的几种供给油路充气的方法作了一番对比。采用低压一次充气到检测压力的方法,需要比较长的充气时间，效率不高；使用高压快速充气到检测压力的 120% 左右，然后开放气阀放气到检测压力，这种方法充气速度快，平衡时间短。若系统的检测对象具有特殊性，如炭罐有 3.5kPa 左右的压力，导致压力的采集点不能在蒸发管一端，只能选择在油箱进气口端。这样由于气体高速运动时气阻的存在，使被测点的压力大于油路内部的压力，充气速度越快，两者的差越大，则采用二次充气法来进行充气。先高压快速充气到接近检测压力，再换低压继续充气到目标值。

3. 检测设计中的注意点

气路的主减压阀和精密减压阀不能有效消除气源压力波动的影响，导致充气速度发生变化，在用平衡导致的压降补偿检测结果时产生误差。若将压力的测点选在了油箱进口的外部，易使采样压力与油箱内部压力产生偏差，最好是把压力采样点放在油箱内部，有利于减少误差和提高检测效率。受温度的影响，密闭容器内的气体压力与温度是成正比的，在温差较大的时候，对检测结果有影响。

国家环保部门制定的关于轻型汽车排放污染物测试方法的标准，需要很长的检测时间，不可能实际应用到企业生产中去，所以需要作换算，制定出符合生产效率的标准。通过大量试验取得的数据，进行建模分析，得到油路系统在充气完成后一段时间内由于内部气压平衡导致的压力下降的规律，这部分压降不属于油路的泄漏，因此在计算泄漏量时，需要用补偿算法消除这部分压降的影响。该方法缩短了等待平衡的时间，提高了检测效率。检测设计中如能考虑以上方面，在一定程度上使检测精度提高，检测效率也将更高。

任务实施

燃油密封性检测的作业方法、要点与注意事项见表 4-2-1。

燃油密封性测试

表 4-2-1 燃油密封性检测的作业方法、要点与注意事项

图片	作业方法	要点与注意事项
图1 检测工具	一、零件清单（看配置表取件） 1. 标配 无 2. 选配 无 二、工具/设备选用 燃油密封检测仪	

（续）

图片	作业方法	要点与注意事项
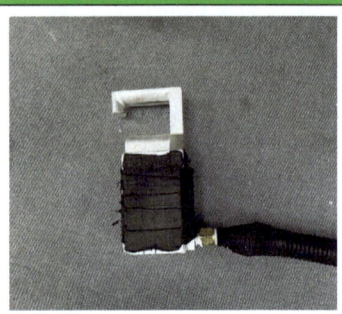 图2　专用夹  图3　密封测试设备 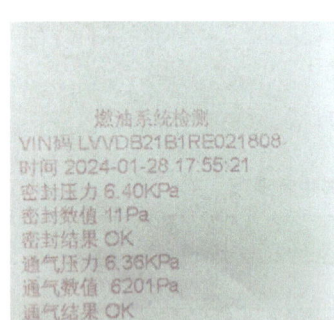 图4　密封测试卡	三、检测 1. 打开设备，点检设备，确认设备运行正常，见图1 2. 打开加油口盖，然后将堵头塞入加油管口 3. 用专用夹具夹住炭罐通气管，见图2 4. 按"夹紧"按钮 5. 取配置表，用扫描器扫描配置表VIN码 6. 当仪器显示屏显示密封性测试结果和通气性测试结果后，将堵头取下，然后将夹具从炭罐通气管上取下，查看燃油系统密封及通气性检测数据，见图3 7. 打印密封性和通气性测试结果单据 8. 取随车卡，将密封性和通气性测试结果单据粘贴在随车卡"燃油密封测试"一栏（图4），并确认VIN码与随车卡一致 9. 将随车卡放置到后舱中	1. 堵头完全堵好加油管口 2. 扫描红色光束覆盖VIN条形码区域，注意配置表VIN码与随车卡VIN码是否一致 3. 密封测试压力：6.5kPa 4. 密封性：3s内压力降≤30Pa为合格 5. 通气性：6s内压力降≥800Pa为合格 6. 若燃油密封测试不合格，则查看夹具与堵头是否安装到位，将夹具和堵头堵好后再次测试一遍。如仍不合格在随车卡上记录并挂牌下线后处理 7. 注意堵头的磨损情况，如果密封不可靠，则立即联系设备组更换
	四、质量要求	
	检查随车卡是否完成	

课后拓展

到图书馆、阅览室查阅汽车总装方面的书籍与杂志，上网查找并观看汽车燃油密封检测工艺相关视频。

到汽车生产线体验企业真实工作场景，感受企业文化，实地了解汽车装配线工作过程。

素养育人

安全规程护燃油，细节检测定品质

汽车燃油系统作为车辆动力系统的核心之一，其密封性的重要性不言而喻。一旦燃油系统出现泄漏或损坏，其后果将是严重的。这不仅可能导致车辆性能下降，使得动力输出不稳定、加速迟缓，还会使得油耗显著增加，给车主带来不必要的经济负担。更为严重的是，燃油泄漏还可能对环境造成污染，甚至成为潜在的安全隐患，威胁到人民的生命和财产安全。

因此，燃油系统测试成为新车出厂前必不可少的检测项目。在进行燃油密封性测试时，我们首先要明确的是安全第一的原则。这意味着在整个测试过程中，我们必须严格遵守安全规程，不得有丝毫的疏忽和大意。这不仅仅是为了保障测试人员的生命安全，更是对生命的敬畏和对环境保护的责任感。我们必须时刻保持安全意识，以确保测试的安全性和可靠性。

工作任务三 气液加注

学习目标

1) 培养"爱技、重技、专技、精技"的工匠精神,树立技能报国的爱国情怀。
2) 能够正确叙述气液加注的工艺。
3) 能够正确描述气液加注的方法。
4) 熟知气液加注的安全注意事项。
5) 熟练进行气液加注的操作。

任务导入

在车辆的生产过程中,需要在一些部件中加注气液,如在后桥中加入齿轮油、在发动机中加入机油。由于待加注部件的型号、规格不同,所需要加注的气液量也不同。例如,后桥的零部件种类有二百多种,加注的气液有二十多种。

在相关技术中,加注气液由人工来操作,种类繁多的气液使加注人员容易混淆,因此很容易加错。再加上目前车辆制造人员更换频繁,就更容易发生因加注气液错误而导致的事故,引起出厂车辆的质量问题。接下来同学们按照任务工单进行学习气液加注的方法和要求,进入车间工作要按要求做好防护,包括穿好防护服、戴好护目镜等。

知识准备

1. 气液

有车的朋友都知道,汽车上的各种气液就像人身上的血液一样重要,所以我们一定要定期检查汽车的气液情况,该添加的添加,该更换的更换,车辆才能更好地工作,同时保证驾乘安全。在职业院校技能大赛中,气液的检查和补加是考核的重要指标;另外,气液检查、冰点检查、液位不足补加等内容也是职业技能等级证书考核的重要指标。

2. 油液类型

(1) 机油

机油是发动机润滑油的简称,它能对发动机起到润滑减磨、辅助冷却降温、密封防漏、防锈防蚀、减振缓冲等作用，可以把它比喻为"汽车发动机的血液"。机油液面最佳的高度在最高位（上限）与最低位（下限）之间，不能多加也不能少加。

不同类型的机油更换周期不一样，矿物油一般5000km，半合成7500km，全合成1万km左右。

（2）冷却液

冷却液是汽车发动机不可缺少的一部分。它在发动机冷却系统中循环流动，将发动机工作中产生的多余热量带走，使发动机能以正常工作温度运转，通俗地说就是给发动机降温的。当冷却液不足时，将会使发动机水温过高，从而导致发动机机件的损坏。所以一旦发现冷却液不足，应该及时添加，加的时候保持液位在储液壶的最高（High）、最低（Low）刻度之间，也有的车型标记为MAX、MIN之间。不同车型的冷却液更换周期差别挺大，短的2年或者4万km，长的5年或者10万km，这个最好根据车辆的保养手册来更换。很多人搞不清楚冷却液和防冻液是什么关系，防冻液其实就是防冻型冷却液，从名字上就可以看出它有两项主要的功能：防冻和冷却。

（3）玻璃水

玻璃水是汽车风窗玻璃清洗液的简称，属于汽车用品中的易耗品。优质的汽车玻璃水主要由水、酒精、乙二醇、缓蚀剂及多种表面活性剂组成，作用就是让风窗玻璃刮得更干净。玻璃水通常分夏季玻璃水和冬季玻璃水，买的时候要注意冰点。玻璃水的添加时机不用过分担心，用完了再加也不迟，建议用户在车上放一瓶，可随时加注。

（4）制动液

制动液是汽车制动系统的液压介质，因为液体是不能被压缩的，所以从主缸输出的压力会通过制动液直接传递至轮缸之中，具有传递能量、散热、防腐防锈以及润滑四大作用。制动液分为含硅制动液和不含硅制动液。制动液不能混加，加注的类型、品牌也有严格的规定，换之前要看清楚。制动液一般2年或者4万km换一次，比较潮湿的地方有可能要提前换，因为制动液会吸水，吸了水会影响制动效果。

（5）变速器油

变速器油是保持变速器系统清洁的油类用品，能起到保证变速器正常工作并延长传动装置寿命的作用，通俗地说就是变速器的润滑油。根据变速器结构的不同，变速器油又分为自动变速器油和手动变速器油。其更换周期也不一样，自动变速器油一般6万~8万km更换，手动变速器油一般4万~6万km更换，具体期限根据车辆保养手册来确定。

（6）转向助力液

转向助力液是汽车助力转向泵里面用的一种特殊液体，通过液压作用，有助于减少助力

117

转向泵的磨损,能起到传递转向力的作用,使方向盘变得轻巧,从而减轻驾驶员操作转向的力度。以前的车多采用液压助力转向,所以需要转向助力液,现在大部分车都采用电动助力转向,所以就不用转向助力液了。转向助力液一般2年或者4万km更换。

任务实施

1. 制动液加注

制动液加注的作业方法、要点与注意事项见表4-3-1。

制动液加注

表4-3-1 制动液加注的作业方法、要点与注意事项

图片	作业方法	要点与注意事项
 图1 确认车辆信息 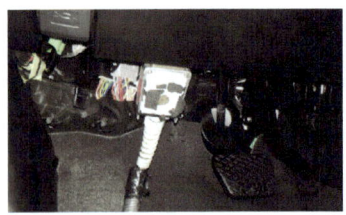 图2 诊断仪 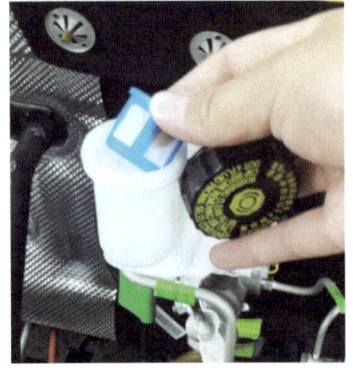 图3 制动液滤网	一、零件清单(看配置表取件) 1. 标配 无 2. 选配 无 二、工具/设备选用 加注设备1台 三、加注 1. 确认制动液加注设备为正常状态 2. 用扫描枪扫描配置表物料号、VIN码,见图1,取防护毯,放在左侧前照灯表面 3. 将点火开关打开,将ABS解码器端部插在诊断插座上,见图2,并将制动液罐的盖子拧下,同时取下里面的滤网,见图3,放在前风窗装饰板上 4. 将制动液加注头从设备托架上取下卡在制动液储液罐口上,按下加注头上的绿色按钮开始加注,见图4 5. 加注完成结束时有声音提示,按下红色按钮,并取下加注头放回随行小车上 6. 将ABS解码器端部从诊断插座上拔下 7. 将滤网放进制动液储液罐口中,并将盖子拧紧	1. 每桶制动液在开启和换油前要用沸点测试仪进行制动液沸点测试并将数值写在记录表上,沸点245~300 ℃为合格;检查制动液桶上的产品型号为DOT4,并取液与样品进行颜色对比,同时在沸点记录表上记录首台车VIN码 2. 加注前保证离合踏板在最上方位置;在加注过程中不允许踩离合器和制动踏板

（续）

图片	作业方法	要点与注意事项
图4 加注制动液	四、质量要求 1. 车型选择正确 2. 确认制动液加注量在"MAX"与"MIN"刻度线之间	

2. 氮气加注

氮气加注作业方法、要点与注意事项见表4-3-2。

氮气加注

表4-3-2 氮气加注的作业方法、要点与注意事项

图片	作业方法	要点与注意事项
 图1 护盖 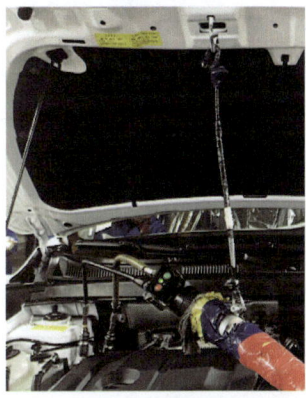 图2 加注氮气	一、零件清单（看配置表取件） 1. 标配 无 2. 选配 无 二、工具/设备选用 加注设备1台 三、加注 1. 确认氮气加注设备为正常状态 2. 将空调高低压管加注口上的护盖拧下放在护盖回收盒内，见图1 3. 将氮气加注头从随行小车上取下，并将加注头部的挂钩挂在前舱盖锁扣上，见图2 4. 将加注头分别垂直插入空调高、低压管加注口，高压加注头有红色标识，并锁止后左右晃动是否松动，按下加注头上的绿色按钮开始加注，见图3 5. 加注完成结束时有声音提示，按下加注头上的红色按钮并取下加注头放回随行小车上	1. 加注前做好防护 2. 确认加注头密封圈是否完好 3. 加注参数：加注压力 > 13.5bar，空调管路真空度 ≤ 35mbar（1bar=100kPa） 4. 加注完毕后，在随车卡的相应位置盖自检章确认

119

（续）

图片	作业方法	要点与注意事项
 图3 空调加注设备	四、质量要求 1. 加注前做好防护 2. 加注过程中发现有泄漏及时在随车卡上做好记录 3. 严禁加注过程中提前将管路拔除	

课后拓展

上网查找汽车气液加注方面的视频，观看汽车总装工艺相关视频，特别是涉及气液加注的部分内容，并完成以下思考题：

1）制动液加注注意事项有哪些？

2）为什么要加注氮气？

素养育人

精确加注保安全，匠心操作定成败

有这样一个关于气液加注的案例：一位车主在自己加注玻璃清洗液的时候，错加到了机油加注口，结果导致车辆大修。通过这个案例，大家要明白精准加注、精细操作的重要性，对工作要有专注和耐心，形成一丝不苟、追求完美的工匠精神，确保每一次气液加注都达到最佳标准。

另外，在气液加注过程中要遵守安全操作规程，要有"安全第一"的意识，结合气液回收和处理的环保要求，避免不当处理气液对环境的影响，如水体污染、土壤毒化等。在实践中采用环保加注设备和方法，树立绿色服务理念，增强环保责任感。

项目五
整车检测

- 工作任务一　CP7 检查
- 工作任务二　四轮定位检测
- 工作任务三　灯光检测
- 工作任务四　转鼓检测

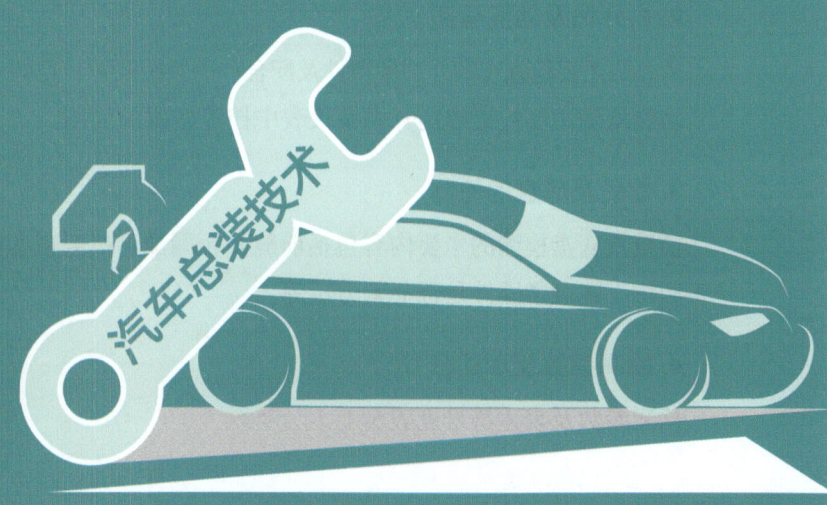

工作任务一 CP7 检查

学习目标

1）培养"爱技、重技、专技、精技"的工匠精神，树立技能报国的爱国情怀。
2）能够正确检查前舱和底盘的零件配合情况。
3）能够完成电检项目。
4）能够正确检查内外饰及功能情况。

任务导入

在奇瑞汽车总装生产线上，CP7是整车装配完成后进行的初步检查，主要检查项目为车辆外观、内饰及功能按键、电检、前舱及底盘的检测、四轮定位、灯光检测、转鼓试验、路试等。操作人员进入工位前要正确穿戴劳保用品。

知识准备

1. 电检

在奇瑞汽车生产线上，新车装配后需要进行多项检验才能确保良品率，为增强品控及电子设备的正确安装和性能保证，在进行外观及性能检测前，需要利用专业仪器进行电检。电检是利用电检仪器进行所有控制单元、传感器、执行器等部件的正确安装检测和功能检测。

2. 内外饰及功能检测

内外饰主要检查车辆外部覆盖件及配合件的装配间隙、色差、配合度、划痕等项目。
功能检测主要检查控制开关及仪表中控等按键的使用。

3. 前舱及底盘的检测

前舱及底盘检测的主要内容包括前舱是否漏油、机舱盖和前风窗玻璃等部件装配关系是否到位、底盘紧固件是否上紧力矩等。

4. 检测参数及表述符号

检测参数及表述符号见表5-1-1。

表5-1-1 检测参数及表述符号

A	间隙	B	划伤	C	平度差
D	对齐度	E	色差	F	干涉
G	不回位	H	掉漆	I	变形
J	脏污	K	不工作	L	破损
M	脱卡	N	松动	O	异响
P	渗漏	Q	夜光不亮	R	不服帖
S	难关	T	调解失效	U	未装配到位
V	抖动	W	升不到位	X	发卡

任务实施

CP7检测操作的作业方法、要点与注意事项见表5-1-2。

CP7检查

表5-1-2 CP7检测操作的作业方法、要点与注意事项

图片	作业方法	要点与注意事项
 图1 内外饰检查	一、零件清单（看配置表取件） 1.标配 无 2.选配 依据配置表装车	依据配置表装车
 图2 按键功能检查	二、工具/设备选用 电检专用检测设备	
图3 功能按键检测	三、检测 1.电检。使用电检仪器检测电子设备是否正常运行 2.检查内外饰及功能 1）内外饰左及功能检查。根据工艺卡完成图1中各检测位置的检查 2）内外饰右及功能检查。根据工艺卡完成图2、图3中各检测位置的检查 3.检查前舱及底盘 1）前舱检查。根据工艺卡完成检测位置的检查 2）底盘检查。根据工艺卡完成图4中各检测位置的检查	注意各项检查及字母符号

123

（续）

图片	作业方法	要点与注意事项
图4 底盘检查	四、质量要求	
	根据工艺卡要求，规范完成各项操作	

课后拓展

到图书馆、阅览室查阅汽车总装方面的书籍与杂志，上网查阅汽车总装最新动态资讯，观看汽车总装工艺相关视频。完成以下思考题：

1）底盘检查都有哪些具体检查项目？
2）内饰以及功能按键的检查注意事项有哪些？

素养育人

精心铸就卓越，细节塑造传奇

在汽车总装生产线上，工匠精神被赋予了极高的价值。这里，每一位工匠都秉承着"精益求精、追求卓越"的核心理念，他们不仅仅是在完成一项工作任务，更是一种对品质的极致追求。历史上的汽车工匠们，以其精湛的工艺和不懈的创新精神，为我们留下了许多不朽的杰作，这些不仅是技术的典范，更是工匠精神的生动体现，从中我们可以体会工匠们对质量的极致追求。在汽车制造领域，每一个细节都可能影响到车辆的性能和安全。因此，我们需要像那些伟大的工匠们一样，以严谨的态度和精湛的技能，去打磨每一个零部件，确保整车的质量和性能达到最佳状态。

工作任务二 四轮定位检测

学习目标

1）培养"爱技、重技、专技、精技"的工匠精神，树立技能报国的爱国情怀。
2）能够正确认识四轮定位检测项目的要求及影响因素。
3）熟知四轮定位检测的安全操作注意事项。
4）熟练进行四轮定位检测操作及调整。
5）能够正确认识四轮定位检测的意义。

任务导入

在奇瑞汽车总装生产线上，不论哪部分装配检测都需要掌握基本技能。进行车辆装配时，由于车架、车轴、转向机构的装配原因，将改变原有设计参数值，致使车轮定位失准。正确的车轮定位参数，是车辆具有良好的转向操纵性能，保持直线行驶能力及避免车身振动、减少机件磨损的保证。四轮定位检测是新车下线的必要操作。操作人员进入工位前要正确穿戴劳保用品。

知识准备

1. 四轮定位的定义

四轮定位是通过调整车辆的四轮参数，以确保车辆具备良好的行驶性能和一定的可靠性。

车辆的转向车轮、转向节和前轴三者之间的安装具有一定的相对位置，这种具有一定相对位置的安装叫做转向车轮定位，也称前轮定位。前轮定位包括主销后倾（角）、主销内倾（角）、前轮外倾（角）和前轮前束四个参数。对两个后轮来说，也同样存在与后轴之间安装的相对位置，称为后轮定位。后轮定位包括车轮外倾（角）和后轮前束。这样前轮定位和后轮定位合起来就叫四轮定位。对车轮定位参数进行检测，通过维护、调整以维持正确的车轮定位参数，可及时消除车辆在行驶中（特别在高速行驶中）的不安全因素，从而提高汽车在行驶过程中的操纵稳定性和驾驶安全性，同时可以减少轮胎和悬架系统磨损，降低燃油消耗。

2. 四轮定位的作用

1）增加行驶安全。

2）减少轮胎磨损。

3）保持直行时方向盘正直，维持直线行车。

4）转向后方向盘自动回正。

5）增加驾驶控制感。

6）减少燃烧消耗。

7）减少悬架部件耗损。

3. 四轮定位仪的种类

四轮定位仪有前束尺和光学水准定位仪、拉线定位仪、CCD定位仪、激光定位仪、3D/5D影像定位仪等几种。其中5D、3D、CCD定位仪是目前市场上的三大主流产品。

4. 四轮定位的需求

1）新车下线时需做四轮定位。

2）车辆的行驶性能受到了影响（驾驶员感受最为直接的是跑偏，或打方向不自动回正）。

3）因事故造成底盘及悬架的损伤。

4）轮胎出现磨损异常（但也要考虑到是否是因胎压不正常才导致了异常磨损，一般情况下，胎压过高会加剧胎面中央的磨损，而胎压过低会加剧胎面两侧的磨损）。如果一侧出现偏磨，则有可能是外倾角出现偏差。

5）车桥以及悬架的零件被拆解过。

5. 四轮定位的基本参数

（1）主销后倾角

从侧面看车轮，转向主销（车轮转向时的旋转中心）向后倾倒，称为主销后倾角。设置主销后倾角后，主销中心线的接地点与车轮中心的地面投影点之间产生距离（称作主销纵倾移距，与自行车的前轮叉梁向后倾斜的原理相同），使车轮的接地点位于转向主销延长线的后端，车轮就靠行驶中的滚动阻力向后拉，使车轮的方向自然朝向行驶方向。设定很大的主销后倾角可提高直线行驶性能，同时主销纵倾移距也增大。主销纵倾移距过大，会使方向盘沉重，而且由于路面干扰而加剧车轮的前后颠簸。

（2）主销内倾角

从车前后方向看轮胎时，主销轴向车身内侧倾斜，该角度称为主销内倾角。当车轮以主销为中心回转时，车轮的最低点将陷入路面以下，但实际上车轮下边缘不可能陷入路面以下，而是将转向车轮连同整个汽车前部向上抬起一个相应的高度，这样汽车本身的重力有使转向车轮回复到原来中间位置的效应，因而方向盘复位容易。

此外，主销内倾角还使得主销轴线与路面交点到车轮中心平面与地面交线的距离减小，从而减小转向时驾驶员施加在方向盘上的力，使转向操纵轻便，同时也可减少从转向轮传到方向盘上的冲击力。但主销内倾角也不宜过大，否则会加速轮胎的磨损。

（3）前轮外倾

从前后方向看车轮时，轮胎并非垂直安装，而是稍微倾倒呈现"八"字形张开，称为负外倾，而朝反方向张开时称正外倾。使用斜交轮胎的鼎盛时期，由于使轮胎倾斜触地便于方向盘的操作，所以外倾角设得比较大。现在汽车一般将外倾角设定得很小，接近垂直。汽车装用扁平子午线轮胎不断普及，由于子午线轮胎的特性（轮胎花纹刚性大，外胎面宽），若设定大外倾角会使轮胎磨偏，降低轮胎摩擦力。还由于助力转向机构的不断使用，也使外倾角不断缩小。尽管如此，设定少许的外倾角可对车轴上的车轮轴承施加适当的横推力。

（4）前轮前束

脚尖向内，所谓"内八字脚"的意思，指的是左右前轮分别向内。采用这种结构目的是修正上述前轮外倾角引起的车轮向外侧转动。如前所述，由于有外倾，方向盘操作变得容易。另一方面，由于车轮倾斜，左右前轮分别向外侧转动，为了修正这个问题，如果左右两轮带有向内的角度，则正负为零，左右两轮可保持直线行进，减少轮胎磨损。

上述四种定位值都是前轮定位的指标，后轮定位值与前轮定位值相似。但大多数轿车的后轮定位不可调。

任务实施

四轮定位检测操作的作业方法、要点与注意事项见表5-2-1。

表 5-2-1　四轮定位检测操作的作业方法、要点与注意事项

图片	作业方法	要点与注意事项
图1　车辆进入定位区域	一、零件清单（看配置表取件） 1.标配 无 2.选配 无	

（续）

图片	作业方法	要点与注意事项
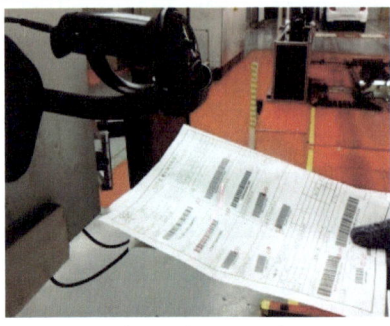 图2　扫描车辆信息 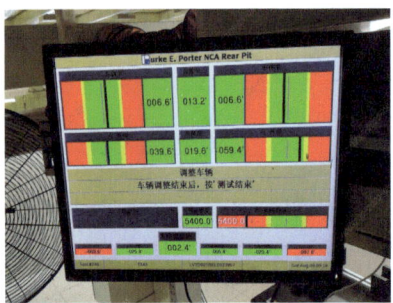 图3　车辆定位数据显示  图4　调整前轮定位数据  图5　调整后轮定位数据	二、工具/设备选用 四轮定位仪 开口扳手 棘轮扳手 套筒 三、检测 1．车辆准备 1）车辆空载，所有车轮必须安装同一规格轮胎，轮胎磨损程度要一致，轮胎气压符合规定 2）检查悬架、减振器。车身无明显倾斜，减振器不得漏油，螺栓无松动，橡胶衬套或缓冲块无破损 3）方向盘自由行程应符合要求，轴承间隙正常，底盘各球头及衬套应无松动 4）将车辆缓慢开上举升机，前轮停在转角盘中心，后轮置于滑板上，拉紧驻车制动器，在后轮前后放置车轮楔。车辆驶入前用固定插销锁止转角盘，防止其转动 5）将车辆举升到工作高度，并锁止举升机 2．仪器设备准备 1）准备、检查主机和附件 ①主机及照相机。打开电源后，照相机的灯会闪烁 ②转角盘。注意：车辆停好后才可以取下锁销，否则会损坏转角盘 2）工作准备 ①打开定位仪照相机和计算机操作控制台电源开关 ②按要求将车辆前轮准确地停在转角盘中心，锁定转角盘 ③后轮前后放置三角楔块，防止车辆移动 ④放下驻车制动器，变速器挂空档 ⑤安装四轮测量卡具（垂直安装） 3．检测操作步骤 1）进入系统，数据输入及车型选择 2）车辆标准数据显示	1．被测车辆要停放可靠，严格遵守安全操作规范 2．车辆前轮应准确停在举升机转角盘上，检测前转角盘固定销和后滑板固定销处于锁定状态 3．目标盘安装要牢靠，并注意目标盘的清洁 4．操作过程应严格按照仪器提示进行，不得随意更改项目进程 5．检测过程中，照相机（或信号源）和目标盘之间应无遮挡，以免影响检测质量 6．不得随意起动发动机，以免发生危险 7．车辆升起之后，锁好举升机保险锁止装置，以免发生危险

（续）

图片	作业方法	要点与注意事项
 图6 调整后锁紧螺母 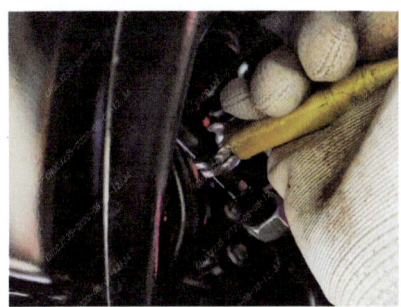 图7 调整前束数据 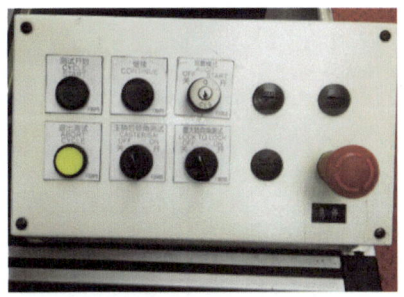 图8 调整完成 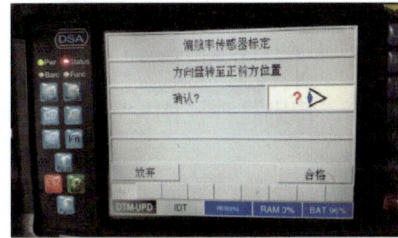 图9 调整方向盘角度	3）举升车辆高度，车辆位置调整 ①单击"镜头视域图标"，检查目标盘是否在照相机有效视域内，如果不符合要求，可调整目标盘或调整举升机的高度 ②当车辆出现向后移动绿色指示箭头时，将车辆向后移动约20cm ③车辆到位后，出现红色停止信号，使其保持稳定，直至停止信号消失 ④当出现向前移动绿色指示箭头时，将车辆向前移动，使车辆回到开始位置 4）测量项目选择 ①单击工具栏测量菜单 ②选择测量主销后倾角和主销内倾角 ③根据提示安装制动踏板下压器，确定转角盘插销已移去，松开后滑板 ④先向左转动车轮10°，随车轮接近测量位置，光标球变黄色，此时需要放慢转动速度，当车轮达到正确位置时，光标球变成绿色 ⑤当转向角达到10°时，方向盘图标上方出现一个红色停止信号。停止转动车轮，保持稳定几秒，向右侧转动车轮，直到光标变绿，停止几秒后回正 ⑥测量数据显示 4.调整 1）调整技术要点 ①检测结果不符合规定，需要调整时，应先锁止方向盘，再进行调整 ②调整时，各车轮定位参数值的变化在屏幕上显示，直至调整到该车型规定的技术要求范围之内 ③调整车轮定位参数顺序，先后轮（外倾角→前束值），再前轮（主销后倾角→外倾角→前束值） ④改变前束值会使外倾角变动。由于改变前束值时车轮会依转向轴转动，因此外倾角会变动。后倾角越大，外倾角改变越大	

（续）

图片	作业方法	要点与注意事项
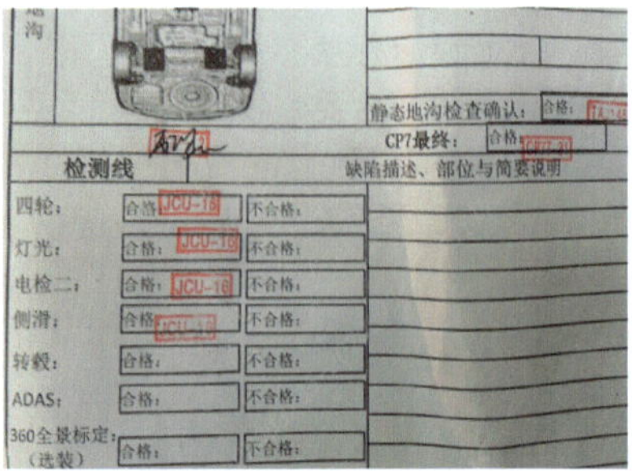  图10 填写作业单	2）前束调整 ①用开口扳手将锁紧螺母旋松，使锁紧螺母与转向横拉杆端面有一定间隙 ②根据车辆的前束检测参数值，调节调整螺杆长度，使之达到规定数值 ③调整结束，用开口扳手旋紧锁紧螺母	
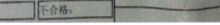 图11 完成系统检查  图12 车辆驶离场地	四、质量要求 1 保证螺栓、螺母完好 2. 保证螺栓、螺母拧紧到位 3. 保证连接固定牢靠	

课后拓展

上网查找汽车总装方面的视频，观看整车检测相关视频，特别是涉及四轮定位检测调整方面的部分。完成以下思考题：

1）前轮前束如何调整？
2）简述四轮定位操作流程。

素养育人

毫米之间见匠心，精准定位保平安

面对每一辆前来检测的车辆，维修大师李师傅都像对待艺术品一样细致入微，哪怕是最细微的偏差也不放过。其技术被同行誉为"毫米级的精准"。他曾成功解决了多起因四轮定位不当导致的疑难杂症，赢得了客户的广泛赞誉。

一辆未经过准确四轮定位检测的汽车在高速行驶中突然失控，虽然乘员幸免于难，但事故引起了广泛关注。事后调查发现，如果能及时进行准确的四轮定位检测，这一悲剧完全可以避免。随着四轮定位技术的不断进步，最新检测设备与技术，如激光四轮定位仪等的使用，迫切需要大家主动学习新技术，以适应行业变化，成为未来汽车维修领域的创新者。

工作任务三 灯光检测

学习目标

1）培养"爱技、重技、专技、精技"的工匠精神，树立技能报国的爱国情怀。
2）能够正确使用各种灯光开关。
3）能够正确描述各灯光组件所在的位置。
4）能够知道前照灯的检测项目及评判标准。
5）能够熟练进行前照灯的检测操作。

任务导入

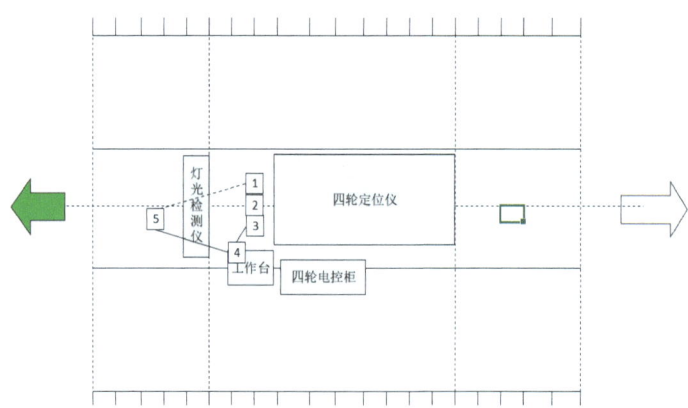

在奇瑞汽车总装生产线上，当车辆完成全部组装，将要下线之前除需要对车辆进行CP7检测、四轮定位检测等性能检测外，还要求对车辆的全部灯光开关及灯光组件进行检测。操作人员进入工位前要正确穿戴劳保用品。

知识准备

一、灯光系统认知

汽车中常见的灯光系统主要分为信号系统和照明系统两部分。

信号系统主要由转向灯、危险警告灯、示廓灯、倒车灯、制动灯等组成。照明系统主要由前照灯（远光灯、近光灯）、日间行车灯、雾灯、阅读灯等组成。

二、前照灯检测

1. 前照灯的检测项目

前照灯是汽车在夜间或能见度较低的条件下，为驾驶员提供行车道路照明的重要设备，而且也是驾驶员发出警示、进行联络的灯光信号装置，因此前照灯必须有足够的发光强度和正确的照射方向。如果前照灯的亮度不足，会使驾驶员对前方道路情况辨认不清，或在与对面来车交会时造成对方驾驶员眩目，从而导致事故的发生。因此，应定期对前照灯的发光强度和光束照射位置进行检测、校正。

（1）发光强度

发光强度是表示光源在一定方向范围内发出的可见光辐射强弱的物理量，单位为坎德拉，简称"坎"，用符号cd表示。按国际标准单位SI的规定，若一光源在给定方向上发出频率为540×10^{12}Hz的单色辐射，且在此方向上的辐射强度为每球面度1/683W时，则此光源在该方向上的发光强度为1 cd。

（2）光束照射位置偏移值

前照灯应能防止眩目，以免夜间两车相会时，使对方驾驶员眩目，从而造成交通事故。对前照灯光束照射位置偏移值的要求有如下几点：

1）机动车在检验前照灯的近光光束照射位置时，前照灯在距离屏幕10m处，光束明暗截止线转角或中点的高度应为0.6~0.8H（H为前照灯基准中心高度，下同），其水平方向位置向左向右偏差均不得超过100mm。

2）四灯制前照灯远光单光束灯的调整，要求在屏幕上光束中心离地高度为0.85~0.90H，水平位置要求左灯向左偏不得大于100mm，向右偏不得大于170mm；右灯向左或向右偏均不得大于170mm。

3）机动车装用远光和近光双光束灯时以调整近光光束为主。对于只能调整远光单光束的灯，调整远光单光束。

4）机动车每个前照灯的远光光束发光强度应达到参数标准值。测试时，其电源系统应处于充电状态。

2. 前照灯的检测仪器

按照前照灯检测仪的结构特征与测量方法不同，常用汽车前照灯检测仪可分为聚光式、屏幕式、投影式和自动追踪光轴式四种类型。这些不同类型的前照灯检测仪均由接受前照灯光束的受光器、使受光器与汽车前照灯对正的照准装置、前照灯发光强度指示装置、光轴偏斜方向和偏斜量指示装置，以及支柱、底板、导轨和汽车摆正找准装置等组成。

（1）聚光式前照灯检测仪

聚光式前照灯检测仪是利用受光器的聚光透镜把前照灯的散射光束聚合起来，并导引到光电池的光照面上，根据其对光电池的照射强度，来检测前照灯的发光强度和光轴偏斜量。检测时，检测仪放在距前照灯前方1m处。

（2）屏幕式前照灯检测仪

屏幕式前照灯检测仪在固定屏幕上装有可以左右移动的活动屏幕，在活动屏幕上装有能上下移动的内部带有光电池的受光器。前照灯的光束照射到屏幕上，检测发光强度和光轴偏斜量。其通常测试距离为3m。

屏幕式前照灯检测仪的固定屏幕上装有可以左右移动的活动屏幕，在活动屏幕上装有能上下移动的内部带光电池的受光器。检验时，移动受光器和活动屏幕，根据光度计指示值为最大时的位置找到主光轴的方向，然后由固定屏幕和活动屏幕上的光轴刻度尺即可读出光轴偏斜量，同时可从光度计的指示值得出发光强度。

（3）投影式前照灯检测仪

投影式前照灯检测仪采用把前照灯光束的影像映射到投影屏上，来检测发光强度和光轴偏斜量。检测时，测试距离一般为3m。

在聚光透镜的上下和左右方向装有四个光电池。前照灯光束的影像通过聚光透镜、光度计的光电池和反射镜后，映射到投影屏上。检测时，通过上下、左右移动受光器使光轴偏斜指示计指示为零，从而找到被测前照灯主光轴的方向，然后根据投影屏上前照灯光束影像的位置，即可得出主光轴的偏斜量，同时可从光度计的指示中读取发光强度。

根据投影式前照灯检测仪光轴偏斜量的检测方法不同，分为投影屏刻度检测法和光轴刻度盘检测法。前者是在投影屏上刻有表示光轴偏斜量的刻度线，根据前照灯影像中心在投影屏上所处的位置，即可直接读出光轴的偏斜量；后者是转动上下与左右光轴刻度盘，使前照灯光束影像中心与投影屏坐标原点重合，然后从光轴刻度盘上读取光轴偏斜量。

（4）自动追踪光轴式前照灯检测仪

自动追踪光轴式前照灯检测仪采用受光器自动追踪光轴的方法检测前照灯发光强度和光轴偏斜量，一般检测距离为3m。

检测时，前照灯的光束照射到检测仪的受光器上。此时，若前照灯光束照射方向偏斜，则主、副受光器的上下光电池或左右光电池的受光量不等，由其电流的差值控制受光器上下移动的电动机运转，或使控制箱左右移动的电动机运转，并通过传动机构牵动受光器上下移动或驱动控制箱在轨道上左右移动，直至受光器上下、左右光电池受光量相等为止。在追踪光轴时，受光器的位移方向和位移量由光轴偏斜指示计指示，此即前照灯光束的偏斜方向和偏斜量，发光强度由光度计指示。

（5）全自动前照灯远近光检测仪

常见的采用CCD图像传感器的远近光检测仪是在全自动远光检测仪基础上结合CCD图像传感器和先进的图像处理技术发展而来的。其检测仪在透镜的前后安装有两个CCD摄像机，分别负责光轴的跟踪及前照灯配光性能和照射方向的分析。有的检测仪的立柱上装有扫描光电管阵列，其作用是扫描汽车前照灯的大概位置，以便光接收箱快速定位。

任务实施

前照灯检测的作业方法、要点与注意事项见表5-3-1。

灯光检测

表 5-3-1　前照灯检测的作业方法、要点与注意事项

图片	作业方法	要点与注意事项
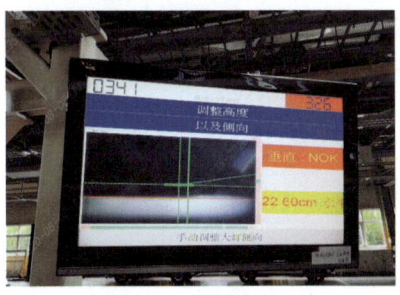 图1　车辆入场准备  图2　灯光检查结果 图3　调整灯光	一、零件清单（看配置表取件） 1. 标配 无 2. 选配	看配置表
	二、工具/设备选用	
	灯光检测仪	
	三、检测	
	1. 车辆驶入四轮定位灯光检测工位 2. 连接诊断插头 3. 根据要求打开车灯 4. 打开前舱盖，前舱盖气弹簧安装到位，前盖下锁体安装到位，见图1 5. 从工具台上拿取灯光调整工具，等待灯光检测 6. 设备相机盒自行移至右前照灯处，检查相机盒位置 7. 查看灯光检测显示屏上下、左右偏移量数值是否在绿色区域，见图2 8. 用调整工具调整右近光灯上下、左右调整旋钮至绿色范围，见图3 9. 提示主机人员将灯光切换成远光灯 10. 合格后设备自动保存数据（图4），将灯光调整工具放回工具台 11. 用绿色点漆笔点漆确认左右两边前照灯支架	1. 车辆正确进入测量工位 2. 安装诊断插头

（续）

图片	作业方法	要点与注意事项
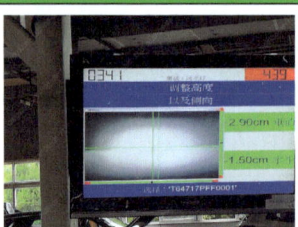 图 4 调整合格的灯光数据 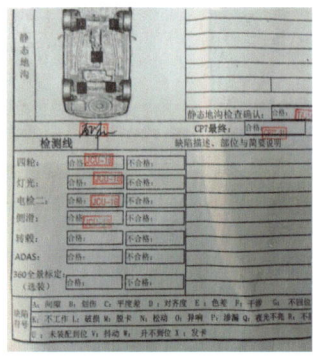 图 5 竣工单记录签字	12. 合格则在随车卡前照灯检测合格位置加盖检验印章；不合格则在不合格位置加盖检验印章，问题记录在随车卡检测栏处，见图 5 13. 将灯光检测 10m 板放在定置位置（转鼓检测入口处）检查左右近光灯在 10m 板上的明暗分界线，确认后拉回原位置 14. 将 10m 看板检查结果填写在 10m 看板统计表上 15. 待灯光检测仪检测出结果后，拆下诊断插头，车辆驶出检测工位	
	四、质量要求	
	规范完成各项操作	

课后拓展

到图书馆、阅览室查阅汽车灯光检测方面的书籍与杂志，上网查阅汽车灯光检测最新动态资讯，观看汽车灯光检测相关视频。完成以下思考题：

1）灯光调整的注意事项有哪些？
2）什么时候需要调整灯光？

素养育人

标准铸就安全，严谨守护生命

许建是一位经验丰富的汽车检测工程师，他在多年的灯光检测工作中，始终坚持高标准，哪怕是最微小的灯光亮度不足或照射角度偏移，都会仔细调整，确保每一辆车的灯光系统达到最佳状态。他的严谨态度源自于一个深刻的记忆——曾经有一辆车因为灯光问题在夜间发生事故，虽未造成重大伤害，但给了他极大的触动。在以后的工作中，他成为车主的安全守护者，用严谨的工作态度对待每一次汽车检测。

工作任务四 转鼓检测

学习目标

1）培养"爱技、重技、专技、精技"的工匠精神，树立技能报国的爱国情怀。
2）能够正确使用转鼓检测设备。
3）能够正确描述转鼓检测详细步骤。
4）能够知道转鼓检测项目及评判标准。
5）能够熟练进行转鼓检测操作。

任务导入

在奇瑞汽车总装生产线上，当车辆完成全部组装，将要进行下线之前还需要对车辆进行系统的性能检测。操作人员进入工位前要正确穿戴劳保用品。

知识准备

1. 转鼓试验台的定义

转鼓试验台又称底盘测功机，是一种室内试验设备，用于模拟汽车在实际行驶时的阻力，测定汽车的使用性能以及检测汽车的技术状况，如汽车驱动轮的输出功率、转矩（驱动力）、转速、加速性能、滑行性能等。

当汽车驱动轮带动测功机滚筒及电涡流制动器转子旋转时，由于磁通密度发生变化使转子表面产生电涡流，该电涡流与磁场相互作用产生反向制动力矩，使定子绕主轴轴线摆动。该制动力矩通过杠杆传递给压力传感器，由压力传感器给出相应的电信号，经处理后则可显示出瞬时驱动力值。与此同时，底盘测功机的速度传感器给出电信号，经处理可显示瞬时的速度值，经计算机用公式 $W=F \cdot V$ 计算，则可得出瞬时的功率值。

2. 转鼓试验台的结构和功能

转鼓试验台主要由4对转鼓组成，用来承受车轮。每个转鼓与一个矢量调节的三相交流电机相连接。电机通过变频器控制，实现电机驱动（"驱动"）或发电驱动（"制动"），"驱动"与"制动"电机通过直流中间电路进行能源交流，多余能源反馈回网路，数据流程通过数据线系统来实现。

（1）道路模拟系统

整车道路模拟试验是指在实验室内使用先进的道路模拟系统对整车进行的各种试验，从而得出车辆在不同工况下的性能指标。整车道路模拟试验是车辆工程领域中重要的试验方法之一，可以有效地减少试验成本和时间，为车辆设计、开发和性能评估提供可靠的技术支持。

（2）数据采集与处理

数据采集与处理部分主要由数据采集卡、速度传感器、拉压传感器、光电开关以及相应的数据处理电路等组成，可以进行测距、测速、测力、功率指示。

控制系统由控制模块和执行元件组成。控制系统是指将用户给定的控制信号以数字信号的形式经D/A转化成模拟信号来控制执行机构的行为，使得被控对象的各项参数能达到用户所需的要求。

（3）辅助系统

底盘测功机上一般还有用于防止车轮偏摆和纵向移动的约束装置、用于冷却发动机和轮胎的冷却装置以及显示装置等。

冷却风机是模拟汽车行驶时的迎面风，使发动机的热状况处于正常状态。防车轮偏摆装置中的两个防偏摆滚子能找到车轮位置，防止高速运行时车轮的偏摆。

（4）制动力测试

制动力测试有高速动态减速度法和定速反力法（静态法）两种。高速动态减速度法是将惯性滚筒加速到高速，通过检测制动过程中车轮对惯性滚筒进行制动的减速度，测量出车辆的制动力。定速反力法是电机带动惯性滚筒以恒定的低速转动，通过力矩平衡的原理测量制动过程中电机的转矩，从而测量出车轮的最大制动力。

（5）汽车惯量模拟

惯量模拟系统是为模拟汽车实际行驶过程和底盘测功机上的惯量差，从而在底盘测功机上产生与实际相仿的道路加减速阻力。

目前比较常用的惯性模拟装置有飞轮和电子惯量模拟两种。

任务实施

转鼓检测的主要步骤见表5-4-1。

转鼓检测

表 5-4-1　转鼓检测的作业方法、要点与注意事项

图片	作业方法	要点与注意事项
图1　进入检测场地	一、零件清单（看配置表取件） 1. 标配 2. 选配	看配置表
	二、工具/设备选用	
	转鼓检测仪	
	三、检测	
图2　扫描录入车辆信息 图3　驻车制动检测	1. 检测准备 2. 检测内容及步骤 1）轮速传感器、ESP 检测 2）EPB 检测 3）行车阻滞力检测 4）前轮制动检测 5）后轮制动检测 6）驻车制动检测 7）速度表及加速性能检测 8）喇叭测试 9）检测结束 10）360 标定 11）检验记录 12）上淋雨 13）环境控制	1. 车辆正确进入测量工位 2. 安装诊断插头

（续）

图片	作业方法	要点与注意事项
图4 进行相关检测	四、质量要求 规范操作，注意安全	
图5 打印检测结果		

课后拓展

在车间或实训车间进行转鼓检测训练，提高职业能力；到图书馆、阅览室查阅汽车转鼓检测方面的书籍与杂志，上网查找转鼓检测相关资讯，观看汽车转鼓检测相关工艺流程视频。查阅相关资料，思考以下问题：

1）总结汽车转鼓检测的流程图。
2）总结汽车转鼓检测的技术要点。

素养育人

平衡之术，守护安全

张工是一位在汽车制造行业工作了二十多年的资深技师，以其在转鼓检测方面的高超技艺而闻名。他深知动平衡对于车辆安全行驶的重要性，每次检测都如同艺术家对待作品一般，追求极致的精准与完美。在张工看来，每一次动平衡检测不仅仅是一项技术活，更是对车主生命安全的承诺。

车辆因动平衡不佳引发的交通事故，不仅损害财产，更可能危及生命。张工坚持高标准检测的背后，是对社会安全的深切关怀。同学们要认识到自己未来从事的工作关乎公共安全，培养社会责任感和使命感。

项目六
整车试验与交付

- 工作任务一　动态路试
- 工作任务二　淋雨检测
- 工作任务三　整车商品化交车（CP8）

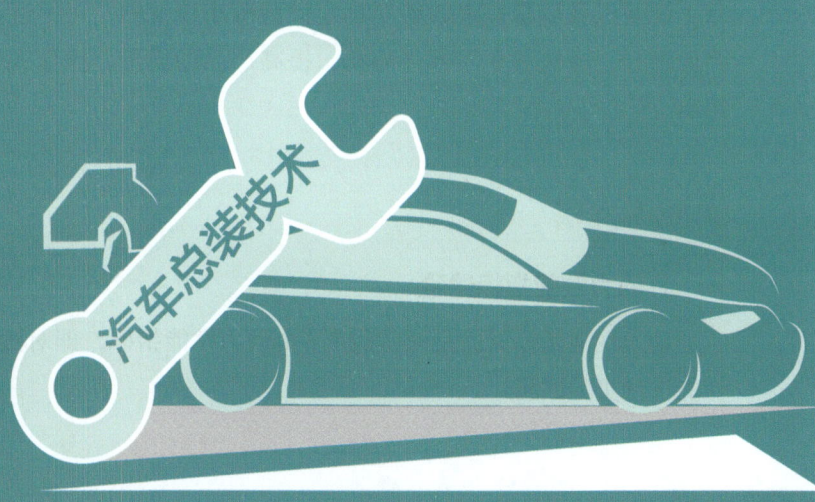

工作任务一 动态路试

学习目标

1）培养"爱技、重技、专技、精技"的工匠精神，树立技能报国的爱国情怀。
2）会进行加速实际试验。
3）会进行爬坡性能实际试验。
4）会进行汽车的最高车速实际试验。

任务导入

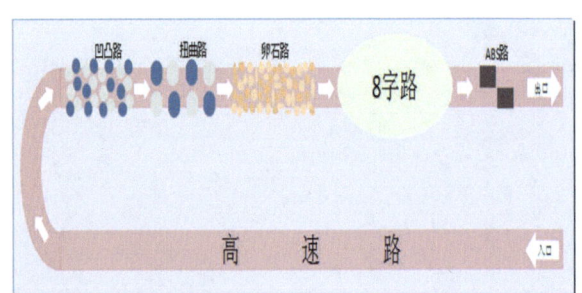

汽车动态路试主要完成以下测试项目：整车动力性、经济性、制动（ABS）试验、操稳试验、噪声试验、平顺性试验等大项试验；还进行整车冷却性能试验、进气阻力排气压力试验、空调试验、寒带的冷起动、除霜除雾试验、采暖试验、三高（高温、高压、高寒）试验以及欧Ⅲ以上的整车标定试验等小项试验。可靠性试验主要是在试验场及场外路面进行，考核整车零部件寿命，提高产品的质量。操作人员进入工位要正确穿戴劳保用品。

知识准备

1. 动力性能指标试验

动力性能指标试验是对常用的3个动力性能指标，即对汽车的最高车速、加速和爬坡性能进行实际试验。

1）最高车速试验的目的是测定汽车所能达到的最高车速，我国规定的测试区间是1.6km试验路段的最后500m。

2）加速试验一般包括从起步到给定车速、高速档或次高速档，以及从给定初速加速到给定车速两项试验内容。

3）爬坡试验包括最大爬坡度与爬长坡两项试验。最大爬坡度试验最好在坡度均匀、测量区间长20m以上的人造坡道上进行。如果人造坡道的坡度对所测车不合适（如坡度过大或过小），可采用增、减载荷或变换档位的办法做试验，再折算出最大爬坡度。爬长坡试验主要用来检查汽车能否通过坡度为7%~10%、长10km以上的连续长坡。试验中不仅要记录爬坡过程中的换档次数、各档位使用时间和爬坡总时间，还要观察发动机冷却系统有无过热、供油系统有无气阻或渗漏等现象。

2. 燃料经济性试验

针对燃油经济性，通常做道路试验或做底盘测功机（即转鼓试验台）试验。后者能控制大部分的使用因素，重复性好，能模拟实际行驶的复杂情况，能采用各种测量油耗的方法，还能同时测量废气排放。

3. 制动性能试验

汽车制动性能的优劣直接关系到汽车行驶的安全性，用制动效能和制动效能的稳定性两项指标来评价。常进行的项目有制动距离试验、制动效能试验（测制动踏板力和制动减速度关系曲线）、热衰退和恢复试验、浸水后制动效能衰退和恢复试验等。

4. 操纵稳定性试验

操纵稳定性试验类型较多，主要包括：用转弯制动试验评价汽车在弯道行驶制动时的行驶方向稳定性；用转向轻便性试验评价汽车的转向力是否适度；用蛇行试验来评价汽车转向时的随从性、收敛性、转向力大小、侧倾程度和避免事故的能力；用侧向风敏感性试验来考察汽车在侧向风情况下直线行驶状态的保持性；用抗侧翻试验考察在为避免交通事故而急打方向盘时汽车是否有侧翻危险；用路面不平度敏感性试验来检查汽车高速行驶时承受路面干扰而保持直线行驶的能力；用汽车稳态回转试验确定汽车稳态转向特性等。

5. 平顺性试验

平顺性主要是根据乘员的舒适程度来评价的，所以又叫做乘坐舒适性，其评价方法通常根据人体对振动的生理感受和保持货物的完整程度确定。典型的平顺性试验有汽车平顺性随机输入行驶试验和汽车平顺性单脉冲输入行驶试验，前者用以测定汽车在随机不平的路面上行驶时，其振动对乘员或货物的影响；后者用以评价汽车行驶中遇到大的凸起物或凹坑冲击振动时的平顺性。

6. 通过性试验

通过性试验一般在汽车试验场和专用路段上进行。

7. 安全性试验

安全性试验项目很多，而且耗资巨大，特别是碰撞安全试验，除正面撞车试验外，近来还增加侧面撞车试验。可以进行实车撞车试验，也可以进行模拟试验或撞车模拟计算；但不少国家规定新车型必须经过实车撞车试验，以验证其撞车安全性。在撞车试验中需用假人（又称人体模型）进行试验，对人体模型的要求包括：其质量、尺寸分布，以及主要骨骼关节和动作等尽量逼近真人，又要容易测定各部位的加速度、载荷和变形；人体模型价格较高，因此也要求具有高的耐用性。当进行车内装置（如安全带、座椅、方向盘、仪表板等）抗冲撞能力试验时，为节省开支常用撞车模拟装置进行，它以装有人体模型的平台车代替实车，模拟以一定初速运动的汽车撞击固定壁后部件的减速度特性，从而研究冲击能量的吸收情况。

任务实施

动态路试

1. 主要测试步骤

主要测试的步骤见表6-1-1。

表6-1-1 整车道路试验的作业方法、要点与注意事项

图片	作业方法	要点与注意事项
图1 检查遥控器功能	一、零件清单（看配置表取件）	
	1. 标配 2. 选配	看配置表
	二、工具/设备选用	
	测试车	
	三、检测	
	1. 从右前座椅上拿起配置表，核对随车卡与配置表 VIN 信息 2. 钥匙、遥控门锁检查 3. 钥匙、遥控门锁、感应后尾门检查 4. 组合仪表检查	1. 车辆正确进入试车场地 2. 规范试车

（续）

图片	作业方法	要点与注意事项
 图2　检查钥匙功能  图3　检查驾驶舱电控系统  图4　检查前部灯光、前舱  图5　方石路面、比利时路面、搓板路面检查	5. 天窗检查 6. 空调系统检查（手动空调） 7. 空调系统检查（自动空调） 8. 方向盘左侧按键检查 9. 玻璃升降检查、座椅记忆功能检查 10. 娱乐系统—DVD语音功能检查、行车记录仪检查 11. 娱乐系统—多功能方向盘检查 12. 娱乐系统—扬声器、USB检查 13. 前部灯光、前舱检查 14. 加油口盖、后排空调、尾部灯光检查 15. 内后视镜、左右外后视镜调节、座椅加热开关检查	

（续）

图片	作业方法	要点与注意事项
 图6 试车道检验  图7 巡航功能、制动性能检查  图8 凹凸路面、扭曲路面检查  图9 绕"8"字路检查	16. 前照灯电调开关检查 17. 换档面板检查、前/后刮水器检查 18. 试车道检验—方石路面、比利时路面、搓板路面检查 19. 试车道检验—角钢路面、钢索路面检查 20. 试车道检验—高速路面检查 21. 试车道检验—巡航功能、制动性能检查 22. 试车道检验—凹凸路面、扭曲路面检查 23. 试车道检验—绕"8"字路检查 24. 试车道检验—驻车检查 25. 试车道检验—ABS路面检查 26. 后舱储物盒检查 27. 前舱、外后视镜、后排座椅、后风窗加热检查 28. 问题记录、盖章 29. 环境控制	
	四、质量要求	
	规范操作，注意安全	

（续）

图片	作业方法	要点与注意事项
 图10　ABS路面检查 图11　后舱储物盒检查		

2. 试验记录参数

1）整车结构参数。

2）滑行试验：主要是从距离判断好坏。

3）最低稳定车速：直接档，最高档。

4）动力性：加速性能（直接档，起步换档加速，最高档加速）评定依据一般是从规定的低速到高速所花时间和经过的距离；最高车速（直接档，最高档）；爬坡试验。

5）经济性：等速燃油消耗量（直接档，最高档）；六工况燃油消耗量；直接档，最高档从一特定车速全油门加速燃油消耗量。

6）制动试验：冷态制动、前后管路失效、热衰退、应急试验、驻坡、排气辅助制动、ABS试验等，主要是通过减速度和制动距离判断制动性能。

7）NVH试验：噪声试验（室内匀速噪声，车外加速，发动机定置噪声等）、振动试验、平顺性等。

8）整车发动机热平衡试验：主要是测量最高出水温度来得到许用环境温度。

9）进排气试验：进气阻力、排气被压。

10）操稳试验（转向轻便性、稳态回转、转向回正、角阶跃、角脉冲、蛇行等）以及一些仪表的校正（车速表、里程表）。

整个报告还需要描述样车的配置、照片、试验依据、仪器、目的、方案、概况、项目、相关人员，以及试验最后的结论。最关键还有主观评价，有些还需要与其他车进行对比。另外要根据数据的好坏对整车部分不好的性能进行重点分析，给相关部门提出需要改进的地方。除了以上的试验之外，还会有整车道路强化腐蚀试验、耐候性试验、品质评价试验等。

课后拓展

到图书馆、阅览室查阅汽车路试方面的书籍与杂志，上网查找汽车路试的最新技术资料，观看汽车路试相关视频。

到汽车生产线体验企业真实路试场景，感受企业文化，实地了解汽车路试的工作流程。

素养育人

路试之鉴，安全前行

钟祥是一名汽车测试工程师，负责新车型的动态路试工作。在一次新车型的高速稳定性测试中，钟祥发现车辆在特定速度区间出现轻微的振动现象，尽管这种振动并不明显，且车辆仍处于安全驾驶范围内，但他坚持深入调查原因。通过反复测试与数据分析，发现是轮胎与悬架系统的匹配问题所致，最终提出了改进方案，有效解决了这一潜在安全隐患。

钟祥对问题的细致追踪与分析，强调了在汽车测试中科学严谨的方法论和工匠精神的重要性。这件事教育我们在遇到问题时，应秉持求真务实的态度，运用专业知识进行深入探究，不断提升解决问题的能力。

工作任务二 淋雨检测

学习目标

1）培养"爱技、重技、专技、精技"的工匠精神，树立技能报国的爱国情怀。
2）能够正确描述淋雨试验的定义和条件。
3）熟知淋雨试验的安全注意事项。
4）熟练进行淋雨试验操作。
5）能够正确叙述淋雨试验的流程。

任务导入

汽车整车淋雨试验方案是为汽车制造商设计的检测方法，主要用于模拟汽车在使用情况下遇到自然雨水环境对汽车防淋雨的影响，是每辆汽车都需要进行的一项检测环节。

汽车整车淋雨试验方案是检测汽车密封性的重要方法，通过把内外装检测、轮胎气压检测、颠簸路检测、四轮定位检测、前照灯检测、转向检测、尾气检测、怠速检测、喇叭升级检测合格的车辆，在淋雨试验房中进行全方位的喷淋试验，根据相关标准控制喷淋角度、出水方向、试验时间、喷淋强度等，来检验汽车的密封性。操作人员进入工位要正确穿戴劳保用品。

知识准备

汽车淋雨试验用于车辆开发的早期阶段，以识别和检测出开发车辆的漏水情况。整车强化淋雨试验方法，用以检查汽车车身及附属密封件的防雨密封性能。

防雨密封性是汽车处于静止状态，在规定的人工淋雨试验条件下，关闭所有门、窗和孔口盖，防止雨水进入车身或车厢的能力。

整车按在各种使用条件下是否允许有雨水侵入来设定整车的干湿分区，允许雨水流经的地方即为湿区，反之则为干区。整车干湿区的划分是基于车身钣金型面而产生的分界面，称为干湿分界面。

汽车淋雨试验的几项术语解释如下：渗水是从缝隙中缓慢出现，并沿着车身内表面向周围漫延；慢滴水是从缝隙中出现，以≤30滴/min的速度离开或沿着车身内表面断续落下；滴水是从缝隙中出现，以＞30滴/min且≤60滴/min的速度离开或沿着车身内表面断续落下；快滴水是从缝隙中出现，以＞60滴/min的速度离开或沿着车身内表面断续落下；流水是从缝隙中出现，离开或沿着车身内表面连续不断地向下流淌。

淋雨强度为单位时间内某一淋雨面内各喷嘴的总喷水体积量与该淋雨面内各喷嘴对应的总喷淋面积的比值，单位为mm/min。

任务实施

淋雨检测

1. 试验条件

在进行汽车淋雨试验时，试验样车应处于良好的技术状态；干湿分界面的焊装涂胶、涂装涂胶必须满足密封要求；干湿分界面上的部件必须体现密封要求；对于不能满足密封要求的零部件，必须在试验车上做好密封措施；对于影响试验样车漏水点观察及排查分析的内饰件，需进行拆除，如地毯、座椅、护板、备胎等。

强化淋雨试验在淋雨试验间内进行，试验间内具有模拟自然雨装置，淋雨面积要满足公司生产的M1类车，并且可调节淋雨强度。

试验车喷淋面积是由顶部沿整车轮廓形成的矩形面积，加上两个侧部沿整车轮廓形成的矩形（矩形的底部边缘与车辆门槛齐平）面积之和。具体参数包括：

淋雨面长度（L），单位为m；试验车车身长（A），单位为m；淋雨面宽度（M），单位为m；试验车车身宽（B），单位为m；淋雨面高度（K），单位为m；试验车车高（H），单位为m。

在进行汽车淋雨试验时，试验车辆淋雨强度为目前企标降雨强度的1.5倍，喷淋压力为（0.2+0.05）MPa，喷淋时间为30min。喷头的数量及布置可参考标准淋雨间，应保证整车喷淋面积能够全部被覆盖，不得存在空白区。

2. 试验准备

（1）淋雨房准备

汽车淋雨试验方案中的淋雨房是车身密封性检测的重要装置，它主要由淋雨室、输送板链、喷淋系统、吹干系统、控制系统组成。

1）淋雨室：形成封闭的试验区域与非试验区域隔离。一般采用复合墙体结构，内层用镀锌板，外层为彩钢板，中间填隔声材料，骨架用型钢焊接而成，室体两侧设有玻璃窗，用于观察淋雨室内的淋雨情况。

2）输送板链：作为车辆行进的载体，以一定的速度驱动车辆前进，输送需要淋雨试验的车辆进入淋雨室进行检测。

3）喷淋系统：作为循环过滤系统，产生模拟人工降雨，由水泵、水过滤装置、回水槽、回水池、吸水池、管路及喷嘴等组成。喷淋水由水泵从吸水池泵出，经过滤器进入管路从喷嘴喷出，进回水槽流入回水池，通过回水池沉淀过滤进入吸水池进行下一轮循环。

4）吹干系统：为保证车辆清洁，车辆完成淋雨测试后需对车身表面进行吹干，吹干形式有冷风、热风两种。吹干系统由风机、风箱、风管等组成，风机产生强风经过滤后由风箱进入风管，均匀吹在试验车表面，使水与车身分离。

5）控制系统：由控制器、流量计、压力表等组成，对车辆试验时间、淋雨强度、喷射压力进行调整控制。

（2）器材准备

试验需要准备的器材主要包括：照相机（用于拍摄试验车漏水情况）、内窥镜（用于拍摄试验车辆漏水，相机无法拍摄的地方）、手电筒（用于照明试验车漏水位置）、秒表（用于记录滴水速度）、布基胶带（用于试验车漏水位置临时密封）。

（3）车辆准备

试验前检查试验车辆车身及各密封件的完整性。进行闭锁系统检查，检查门锁、前后盖锁是否正常工作，如有功能故障，禁止试验；玻璃系统检查，检查前后风窗、侧门玻璃、天窗是否密封到位，如有功能故障，禁止试验；密封系统检查，检查侧门、后盖、后背门密封条是否装配到位，如有异常，禁止试验。

3.试验流程

1）将试验车停放在淋雨场地内指定位置。

2）观察记录员进入车内并关闭全部车门及车窗；空调A/C开启，模式为外循环、吹面、最大风量、前后排所有空调出风口均开启。

3）启动淋雨设备，待车辆前后风窗及侧窗玻璃雨水均匀后，开始计时并记录车身渗漏水情况。主要检查区域有前舱区域、左右侧围区域、行李舱及后围区域、前后侧门区域、顶盖及前后风窗区域。对渗漏处进行拍照及视频记录存档并录入表中。

4）车辆淋雨时间达到30min，即可关闭淋雨设备。

5）车辆开出淋雨房，停到指定位置再进行检查。

6）车内人员先打开杂物箱检查空调滤芯是否进水，如进水记录水量状态；然后车外人员将门、盖表面水珠擦拭干净后，方可打开门、盖观察并记录周边件水流情况以及是否有渗漏；最后开启发动机舱盖，观察前舱是否有积水，以及发动机空滤是否进水。对渗漏处进行拍照及视频记录存档并录入表中。

7）试验过程中，如出现进水点，需重复试验，以便确认问题原因。

4. 试验评价及结果

试验数据处理采用扣分法，初始分值为100分，每出现一处"渗"扣1分；每出现一处"慢滴"扣2分；每出现一处"滴"扣4分；每出现一处"快滴"扣6分；每出现一处"流"扣10分。初始分值减去全部扣分值，如出现负数则按零分计，实得分值即为试验结果。

试验评价分为一等（≥95分）、合格（≥85分）、不合格（<85分）三个质量等级。

试验过程中，乘员舱内若出现流水现象，则直接判定为不合格；干湿分界面上若出现"渗""滴"现象，导致干区出现积水，则直接判定为不合格。

试验完成后，对试验结果进行记录。

课后拓展

到图书馆、阅览室查阅汽车总装方面的书籍与杂志，上网查找汽车淋雨检测的最新技术资料，观看汽车淋雨检测的相关视频。

到汽车生产线体验企业真实工作场景，感受企业文化，实地了解汽车淋雨检测的工作过程。

素养育人

滴水不漏，责任铸就安全防线

项阳是一名汽车测试工程师，负责车辆的淋雨测试项目。在一次常规测试中，他发现一款即将上市的新车型在长时间模拟暴雨条件下，车门密封处出现了轻微渗水现象。尽管这一问题在日常使用中可能不易察觉，但项阳深知，任何一点小疏漏都可能在极端天气下给用户带来大麻烦。他立即上报问题，并主动带领团队深入分析原因，最终发现了密封条设计的一处微小缺陷。项阳团队不仅解决了这个问题，还借此机会优化了测试流程，确保今后能更早地发现问题，提高产品质量。

项阳带领团队迅速响应并解决问题的过程，体现了责任的价值，以负责任的态度对待每一个细节，铸就安全防线，取得用户的信任。

工作任务三 整车商品化交车（CP8）

学习目标

1) 培养"爱技、重技、专技、精技"的工匠精神，树立技能报国的爱国情怀。
2) 能够正确叙述整车商品化确认流程和方法。
3) 能够正确描述依据质量标准开展整车商品化质量确认。
4) 熟知评价产品符合性。
5) 熟知过程质量控制有效性。

任务导入

规范整车商品化确认流程和方法，依据质量标准开展整车商品化质量确认，评价产品符合性与过程质量控制有效性。依据《整车商品化条件项目核查清单》，对新项目SOP前开展专项质量核查，结果作为是否启动商品化交付和整车凭证发放的输入依据。

知识准备

整车商品化检验包含整车静态检验及检测线、动态路试、淋雨密封、外观油漆检验内容（即CP7检测线、动态、淋雨及CP8检验点）。

针对量产车辆（包含出口整车、SOP首批商品车）及特殊车辆（新品VFF~OS试制车、展车）增加的质量确认环节，对整车外观、功能和性能进行抽样检验，评价过程质量控制有效性。

整车"批接收"是整车商品化质量验收的一种形式，适用于SOP首批商品车生产交付过程，重点突出批次"接收"的概念。

一、项目投产批准

1. 整车商品化条件核查

1) 依据项目P7节点决策或项目OS生产指令，开始组织核查。
2) 结合《项目核查清单》内容，开展整车商品化准入条件核查。

3）当所有核查项目满足要求后，方可启动整车商品化生产及交付。

2. 过程质量控制

CP9检验频次要求见表6-3-1。

表6-3-1 CP9检验频次要求

项目节点		VFF	PVS	OS	SOP		量产
					首批商品车		
项目类型	全新整车开发（平台/非平台）	100%	100%	100%	1~200台：静态100%+动态100%5km 201~1000台：静态100%+动态100%1km 1001~3000台：静态100%+2% 动态5km		国内量产：3台/车型/天（静态+动态100%） 出口整车/展车：100%静态+10%动态抽检
	大改款车型开发（换动/三电/大Facelift）	100%	100%	100%	1~200台：静态100%+动态100%5km 201~500台：静态100%+动态100%1km 501~1000台：静态100%+2% 动态5km		
	小改款车型开发（小Facelift/年型车）	100%	100%	100%	1~50台：静态100%+动态100%5km 51~100台：静态100%+5% 动态5km 101~200台：静态100%+2% 动态5km		

3. 制定首批商品车质量控制方案

当项目启动OS生产，组织制定首批商品车质量控制方案，包含但不局限于以下内容：

1）采购质量负责新开发件PPAP，制定首批商品车风险零部件及风险供应商管控方案。

2）制造质量制定首批商品车过程质量控制方案（如强化路试、淋雨等）。

3）结合各项目成熟度或风险点（如Lion系统等），制定各系统专项确认方案。

4）质量管理中心制定AUDIT审核、CP9质量确认、整车"批接收"方案。

4. 整车商品化确认

整车商品化确认流程如图6-3-1所示。

5. 抽样评价

1）首批商品车CP8检验合格后编批存放，编批规则：按≤25台/批次，实际编批应根据实际生产计划确定。

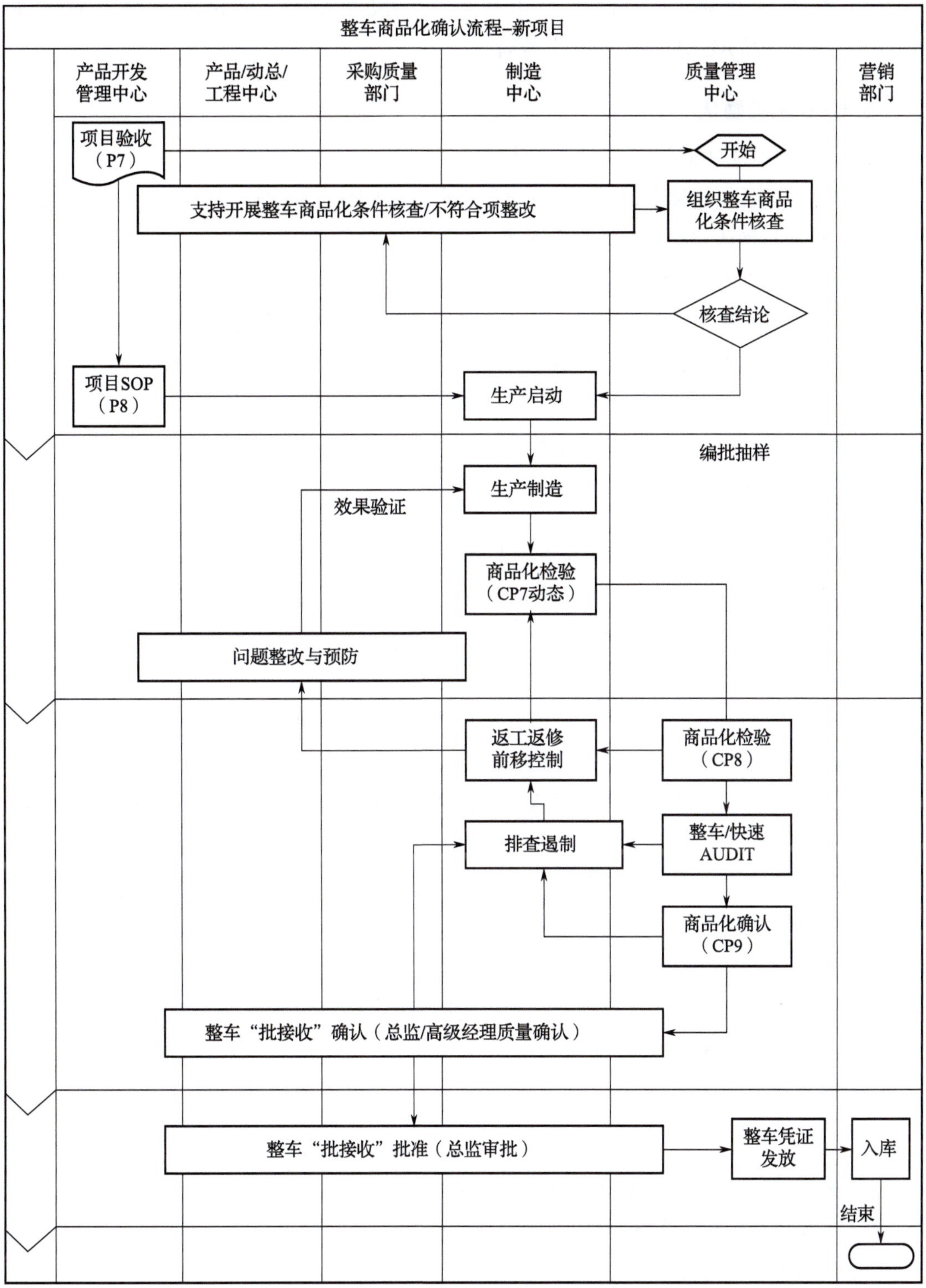

图 6-3-1 整车商品化确认流程

2）按抽样规则（1~3台/批）开展整车、快速AUDIT审核，问题处置参照M03-W-03《产品AUDIT操作办法》执行。

6. CP9 质量确认

1）新项目VFF-0S阶段试制车CP9检验。

①依据阶段性质量标准，对每批次试制样车进行CP9质量检验。

②CP9质量确认完成后在配置表签名并加盖印章后入试验车库。

2）新项目SOP首批商品车。

①基于质量控制方案频次要求，结合CP9质量确认表单内容开展质量确认。

②基于质量控制方案要求，对编号S1101-W-01-003《XXX项目首批商品车重点专项确认表单》的完整性进行最终确认。

③CP9确认合格，组织整车"批接收"。

7. 整车批接收

1）参与整车"批接收"确认与审批人员，包含但不局限于以下人员：

①高级经理层级：项目总监、质量总监、质管中心商品化高级经理、制造中心高级经理。

②总监层级：产品、质管中心、制造部门总监。

2）基于质量控制方案频次要求，高级经理及总监质量确认识别的问题在编号S1101-W-01-001《XXX车型CP9检验问题记录表》上记录并签名。

3）总监及高级经理确认的问题返工，最终由CP9进行复检确认，合格后粘贴"CP9合格"三角标志。

4）将总监质量确认合格的车辆信息（VIN）填写在编号S1101-W-01-002《XXX项目首批商品车批接收单》表单上。

5）针对没有达到商品化标准的问题，应记录在编号S1101-W-01-002《XXX项目首批商品车批接收单》表单上，同时需得到总监层级批准后方可放行。

二、交付入库

1. 车辆交付

1）依据编号C032303-W-03《车辆出厂合格证管理办法》执行发放整车凭证。

2）整车商品化确认合格后方可驳运入库。

3）问题管理与处置。

4）问题返工返修参照编号PCC-TX-071《制造中心返工、返修管理办法》执行。

5）问题处置参照编号 S12-P-01《不合格品控制程序》执行。

6）问题改进参照编号 MC-TX-063《制造中心 PCR 操作办法》执行。

7）问题管理职责参照编号 M05-P-01《产品质量问题管理程序》执行。

8）其他。

9）考虑各工厂、各项目产品的差异性，应结合该办法制定《XXX项目首批商品车质量确认方案》。

10）应结合售后、整车 AUDIT 问题反馈，完善优化 CP9 质量检验项目，实现快速遏制。

2. 商品车交付入库

整车商品化确认合格后方可驳运入库。

课后拓展

到图书馆、阅览室查阅汽车总装方面的书籍与杂志，上网查找汽车 CP8 检测的最新技术资料，观看汽车总装、焊装、涂装工艺相关视频。

到汽车生产线体验企业真实工作场景，感受企业文化，实地了解汽车检测线工作过程。

素养育人

匠心交付，情系万家安全行

李经理是某知名汽车品牌的交车中心负责人，他深知每一辆汽车的交付不仅是交易的完成，更是品牌承诺的传递。在一次高端车型的交车准备中，李经理发现车辆虽然通过了所有技术检测，但在外观检查时，他注意到一处几乎难以察觉的微小划痕。面对即将到交车日期的压力，李经理决定推迟交付，亲自监督对该车辆进行重新打磨和抛光，确保车辆以最完美的状态交付给客户。他同时组织了一场特别的交车仪式，邀请客户参与车辆的最后检查过程，详细介绍了车辆的功能、保养知识，并强调了品牌对安全、质量的承诺。

我们要了解整车商品化交车的专业流程，更要深刻理解职业操守、客户至上、诚信经营和社会责任等重要思政理念，为成为汽车行业优秀人才打下坚实的基础。

附录 奇瑞汽车总装车间相关设备使用操作制度

一、工具一级保养作业指导书

1. 目的
保持工具良好的技术状态，正确合理地使用工具，延长工具的使用寿命，降低工具消耗。

2. 适合工具
包括气动螺钉旋具、气动弯角扳手、气动脉冲扳手、气动类打磨工具等。

3. 适用范围
适用于使用气动工具的单位。

4. 内容
三联件清洁、加油；气管及气管接头的检查；工具表面清洁、定置摆放；工具编号及标示的维护；工具交接保证工具的完好性。

5. 步骤

（1）三联件清洁、加油

1）关闭球阀，并将三联件内的气排空，当压力表的指针指向零位时，取下过滤器杯、滤芯、油杯。

2）对过滤器杯进行清洁，倒出杯中的杂物；将滤芯放在煤油中浸泡，之后用吹尘枪将其吹干。

3）在油杯是加入气动工具润滑油（32#汽轮机油），加到油杯的上限刻度线或者油杯的2/3处；将滤芯、过滤器杯及油杯装回，轻轻打开球阀，查看气压（5.5~6.5bar之间）；接上工具空转，看气压是否正常，看油雾器的出油量是否正常（15~20s/滴）。

（2）气管及气管接头的检查

检查各气管接头有无漏气现象，气管有无漏气、起泡，气管要卷起来摆放整齐。

（3）工具表面清洁、定置摆放

使用完毕后要对工具表面进行清擦，保持其表面无油污、灰尘、异物。

（4）工具编号及标示的维护

1）工具编号清晰，当发现编号不清楚时及时到生产设备科工具组重新编号。

2）工具标示上的内容要真实地反映实际情况，保持清晰，当发现标识不清楚或破损时应报告班组工具员给予及时补上。

（5）工具交接保证工具的完好性

工具交接要真实、可靠，交接时保证工具的完好性，并作为原始依据。

二、气动弯角定扭扳手的安全操作规程

该类型工具具有转速均匀、噪声小、精度高等优点，离散度为≤±7%。但其外形尺寸较大、反作用力大，操作时不易把握，主要用于底盘拧紧等重要装配工位。其主要由气动马达、离合器、行星齿轮组、角向转换锥形齿（涡轮通过改变转动方向）以及壳体、扳机等附件组成。

1）在使用前，首先检查气动三联件压力表的压力是否在要求范围以内，气动工具排气孔是否有适量油雾排出。

2）接上气源后，检查各类接头、接口以及气管有无漏气现象，工具空气开关（扳机）是否由原始位置被气压顶出。

3）扣动扳机，查看工具运转是否灵活，有无异常现象和异常声响，在无明显异常情况下可以正常使用，否则应立即通知工具管理人员或工具维修人员，不得野蛮操作。

4）使用该类工具时，其附件一律用气动附件，不得用手动附件代替，以免损坏或飞溅后造成人员伤害或机器、产品的损坏；装配时应双手操作，一手握枪，一手扶其弯角部分，以防反作用力大使套筒滑出。

5）正常使用时，禁止无负荷运转，且到达标准力矩后应及时松开扳机，严禁出现到达标准力矩后二次冲击，造成机械式离合器的早期损坏，影响工具的使用寿命。

6）严禁用该类型工具替代其他用途，禁止抛、扔、摔、砸该类工具。

7）工作完毕后，要将气管放好，擦去工具表面的油污和灰尘，将其放入工具柜内妥善保管，并做好工具交接班记录。

8）定期检查三联件，给予及时的加油、放水、清污，检查供气各部位是否处于完好状态，做好工具的一级维护保养工作。

9）积极配合工具维修或管理人员对工具进行的定期标定工作和检修工作。

10）气动弯角扳手操作时，按下控制开关，工具开始转动，需等到气动工具自动断气后，方可进行下个作业点紧固（控制开关处于按下状态）。